Peter Gauweiler
Evangelisch in Bayern

Peter Gauweiler

Evangelisch in Bayern

claudius

DieterHanitzsch.de 2017

Für mich sind alle Bayern Protestanten. Jedenfalls, was die Widerständigkeit angeht und den Individualismus. Und das lutherische Evangelisch-Sein geht nicht ohne echten Glauben und eine Freiheitsliebe, die man gerade den Bayern nachsagt.

„An diesem Volksstamm kannst zerschellen", seufzte bekanntlich sogar Petrus, als der Brandner Kaspar endlich vor ihm an der Himmelstür stand – und spielte damit auf die berühmte Sturheit der Bayern an. Franz-Josef Strauß sah sich den Kassenschlager über den Tod und das Après-vie gleich siebenmal an. Der Verfasser des Stücks, Franz von Kobell, war evangelisch und der erfolgreichste Darsteller des Brandner Kaspar, der Volksschauspieler Fritz Straßner, war es auch.

Bayern ist ein Vaterland eigener Art. Das Evangelisch-Sein aber auch. Meine Geschichte ist die Geschichte der Schnittstellen dieser beiden Heimaten. Mir schmeckt das Protestantische in München und Oberbayern wie Vollkornbrot inmitten eines reichhaltigen Festmahls. Ohne Vollkornbrot kann ich nicht leben. Das ist für mich keine Frage der Bescheidenheit, sondern der Lebensqualität. Lebensqualität war immer wichtig für mich. Für die Luthers auch. Irgendwo habe ich gelesen, dass von der Feste Coburg Martin seiner Frau Pomeranzen mitbringen musste, die er durchreisenden Händlern aus dem Süden abkaufen konnte.

Protestantismus in der Bavarität. Bayern hat mit seinen Gipfelkreuzen – denn „auf den Bergen wohnt die Freiheit“, wie es im König-Ludwig-Lied heißt – und dem selbstbewussten „Mir san mir und schreiben uns uns“ sehr viel mit dem besonderen Bewusstsein zu tun, welches der junge Luther mit den Formeln prägte: „Freiheit eines Christenmenschen“, „Jeder ist unmittelbar zu Gott“ und das „Priestertum aller Getauften“. Übrigens auch mit Luthers Paradox, welchen inneren Widerspruch ein Christenmensch auflösen kann: Allen ein dienstbarer Knecht zu sein und gleichzeitig ein freier Herr über alle Dinge. Da ist es völlig egal, wenn man in der Minderheit ist.

Evangelisch-Sein als Zustand, die lutherische Reduktion – als Zurückführung auf das Wesentliche – hat das „typisch Bayerische" nie mehr losgelassen. Bis zum Baustil und dass es heute gerade in Oberbayern höchst modern ist, alte, unbehandelte Materialien zu verwenden und auf Schnörkel und Hohlkehlen zu verzichten. Insofern hat der Protestantismus auch eine ästhetische Dimension: weniger ist mehr. Die Katholiken haben das zwischenzeitlich umstandslos übernommen. Mehr als sich ein Norddeutscher vielleicht vorstellen kann.

Das Wappensymbol des katholischen Altbayern im bayerischen Staatswappen – der blaue Panther – gehört einer evangelischen

Familie: den Ortenburgern, unweit von Vilshofen, die vor über 450 Jahren die Reformation einführten. Evangelisch vom Profil her ist die weibliche Symbolgestalt und die weltliche Patronin Bayerns, die Bavaria über der Münchner Wiesn, nahe dem Gesicht der Königin Therese. Gleich drei der vier bayerischen Königinnen waren evangelisch, ebenso der Stammvater aller heute lebenden Wittelsbacher, Graf Wolfgang von Pfalz-Zweibrücken. Evangelisch waren die Erfinder und Gestalter des Englischen Gartens in München, Graf Rumford und Friedrich Ludwig von Sckell. Entschieden lutherisch war der Urheber bayrischer Almenwirtschaft und der Almordnung im Gebirge, der Regionalherrscher Pankraz von Freyberg, der vor 450 Jahren in Hohenaschau amtierte. Evangelisch war der letzte Verteidiger der Souveränität des Königreichs Bayern vor der preußisch-bismarckschen Übermacht, Ministerpräsident Ludwig

Graf Rumford erläutert die Planung des Englischen Gartens.

Ein Protestant aus Gräfelfing: Karl Valentin

von der Pfordten. Evangelisch waren und sind die künstlerischen Symbolfiguren des bayerischen Paradox, der weltberühmte Karl Valentin aus Gräfelfing („der Mensch ist guat, nur d' Leut' san schlecht“) und Gerhard Polt, der Satiriker-Star aus Altötting („the idea of Freibier in Bavaria is deeply religious“). Übrigens auch das berühmteste Gesicht des altjungen deutschen Films, die Niederbayerin Uschi Glas.

Der einzige Bundeskanzler, den Bayern je hatte, war der evangelische Wahl-Tegernseer Ludwig Erhard, Vater des Wirtschaftswunders und vormals bayerischer Wirtschaftsminister. Evangelisch auch das erste und einzige aus Bayern stammende gesamtdeutsche Staatsoberhaupt seit dem wittelsbachischen Kaiser Karl Albrecht im 18. Jahrhundert, der Niederbayer Roman Herzog aus Landshut, siebter Bundespräsident von 1994 bis 1999. Noch eine Parallele: Beiden folgte eine mächtige Frau, nicht formal als Deutschlands Nummer 1, aber faktisch: Maria Theresia nach Karl Albrecht, nach Roman Herzog Angela Merkel.

Lutherisches in Altbayern kann man selbst bei gestandenen Katholiken entdecken: Unser einstiger Ministerpräsident Franz-Josef Strauß überraschte bei der Eröffnung einer Luther-Ausstellung in Nürnberg anlässlich des 500. Geburtstages des Reformators seine Zuhörer mit dem Bekenntnis:

„… deshalb kann ich, in katholisch-altbayerischen Traditionen aufgewachsen und meiner katholischen Kirche eng verbunden, guten Gewissens und aus voller Überzeugung sagen: Auch ich stehe als Deutscher auf den Schultern Martin Luthers, des genialen und wortmächtigen Sprachschöpfers und deutschen Patrioten.“

Strauß, ein Lutheraner? „Bauernnachfahr, gesund und übergesund, betend und geradezu gefährlich bedrängt von seiner gestauten Kraft, vital und mit aller groben Lust und dieser Vielfalt“, so schreibt Stefan Zweig – nicht über den Bayern, sondern über Martin Luther. „Ich fresse wie ein Böhme und saufe wie ein Deutscher, ein prachtvolles und übervolles, fast berstendes Stück Leben, Wucht und Wildheit eines ganzen Volkes, gesammelt in einer Überschußnatur.“ Klingelt da was?

„Gedenkpolitisch“ schob FJS die archäologischen Schichten zwischen Heute und Damals einfach beiseite, als er seine Einschätzung verkündete, auch er stehe „auf den Schultern des Reformators“. Und gerade in dieser Beziehung ausdrücklich noch dessen „Sprachmacht“ herausstellte. Über Martin Luthers *„sic volo, sic jubeo“* – im Sendschreiben vom Dolmetschen – haben wir Straußianer wissend gelacht. „So will ich's, so befehl ich's“. Martin setzte noch eins drauf: „Als Begründung gelte mein Wille – *sit pro ratione voluntas!*“ Achtung, da spricht kein Faschist. Es gehört ein hohes Maß an Selbstironie dazu, einen solchen Satz aufzuschreiben, ihn auch noch lateinisch umzubrechen. Denn Luther nannte sich ja selbst einen „alten stinkenden Madensack“. Und hat gleichwohl für all die schönen Lucas-Cranach-Porträts Modell gestanden. Unmöglich, dabei nicht an den demokratischen Bürgerkönig von Bayern zu denken. Bayerns bekanntester Journalist von heute, Heribert Prantl, nennt in seiner „Gebrauchsanweisung für Populisten“ Luther und Strauß in einem Atemzug. Als klassische Musterbeispiele für den unbedingten Willen, vom Volk verstanden zu werden. Das Lutherstück bei den Festspielen in Bad Hersfeld soll im Reformationsjahr zeigen „dass der Reformator kein Gutmensch war“ (*FAZ*). Auch das kommt einem irgendwie bekannt vor. Weil man ihn für gut hält, leiden seine Anhänger mit ihm, wenn er Fehler gemacht hat.

Evangelisch ist übrigens auch ein klassischer Urbayer aus der Literatur: der von Thomas Mann erschaffene Hopfenhändler Ignaz Permaneder vom Münchner Marienplatz. „Ja, grüß Eahna Gott! Ja, wie hat's denn derweil gegangen? Was haben S' denn allweil g'macht, da heroben? Jessas, hab' i a narrische Freid'!“ So authentisch klingt evangelisches Nobelpreisträger-Bayrisch.

Die Buddenbrooks aus dem nördlichsten Norden Deutschlands beurteilten intern den bayerischen Permaneder wie folgt:

> „*'Und vielleicht ein wenig zu viel Nonchalance im Benehmen, Tom, wie?'*
> *'Ja, lieber Gott, das ist süddeutsch!' sagte der Konsul …*"

Thomas Manns Permaneder-Evangele wurde zum Phänotyp des Bierdeckel-Bajuwaren – „kurzgliedrig und beleibt", der „… fransenartig den Mund überhängende Schnurrbart gab dem kugelrunden Kopfe mit seiner gedrungenen Nase … etwas Seehundartiges", Kopf und Hals gingen „formlos und gepolstert ineinander über", „Mischausdruck von Ergrimmtheit und Gutmütigkeit". Von dem bekannten *SZ*-Karikaturisten Dieter Hanitzsch weiß ich, dass auch die Münchner „Jahrhundert-Zeichnerin" Franziska Bilek ihren berühmten

Herrn Hirnbeiß nach diesem Vorbild entworfen hat.

Fast zeitgleich mit dem literarischen Denkmal für den evangelischen Permaneder erschien, ebenfalls in München, die Protestantenbeschimpfung von Ludwig Thoma mit dem Titel: „An die Sittlichkeitsprediger zu Köln am Rheine", die ihm sechs Wochen Haft im Gefängnis Stadelheim einbrachte. Im fiktiven Tagebuch des königlich bayrischen Landtagsabgeordneten Josef Filser, ebenfalls von Ludwig Thoma verfasst, äußert dieser sich zur Religionsfrage wie folgt:

„Die Rähligion ist das, wo der Mensch had, das er sich fom Thürreich underscheiden kahn. Es giebt ferschidene Rähligionen, wo mahn aber plos lachen muhs, indem es keine Rähligionen nichd sind, sontern käzerisch. Zum beischpiel die ludderische."

Als junger Stadtrat von München saß ich in der städtischen Kommission für die Verleihung der Ludwig-Thoma-Medaille, die der Verleger Hans Hellmut Kirst auf Vermittlung von Oberbürgermeister Vogel der Stadt gestiftet hatte. Zu den Preisträgern, an die ich mich erinnere, gehören Herbert Achternbusch, Franz-Xaver Kroetz und Georg Kronawitter. Kronawitter bekam sie nach eigener Aussage für „Tapferkeit vor dem Freunde“, Achternbusch und Kroetz für ihre revolutionären Beiträge zur bayerischen Volkskultur. Als eine Debatte über „rechte“ Entgleisungen des späten Thoma aufkam, sagte mir Kroetz, dass er Thoma nach wie vor als den größten bayerischen Literaten verehre. Kroetz: „Was der da sonst gemacht hat, das ist mir scheißegal. Das, was da war, kannst Du doch auch ganz schlecht aus der Geschichte herausnehmen, das kannst Du doch heute gar nicht beurteilen – ich kann das jedenfalls nicht.“ Thoma selbst erwiderte auf diesen Vorwurf, dass er den Juden jedenfalls das Liebste verdanke, was er im Leben habe, seine Maidi. Maria von Liebermann war die letzte Lebensgefährtin von Ludwig Thoma, sie übernahm sein Erbe und pflegte sein Werk über fünfzig Jahre. Sie stammte aus einer jüdischen Familie, ihr Großvater war Rabbiner.

Am liebsten habe ich Ludwig Thomas Weihnachtsgeschichte, aus der ich auf Einladung der Fraktionsvorsitzenden Angela Merkel sogar auf einer Weihnachtsfeier der CDU/CSU-Fraktion vorlas, was Merkels und meine Beziehung kurzfristig verbesserte. Diese Weihnachtsgeschichte eignet sich besonders gut für die Flüchtlingsdebatte. Man weiß danach, wie man sich höchstpersönlich jedenfalls nicht verhalten sollte. In der folgenden Szene wird Josef und Maria die Tür vor der Nase zugeschlagen:

„A Vetta vo dir, hot a g'sagt…" // „Wos Vetta? A sella, der kimmt // Und's Sach na bei'n Haus außi tragt // Und selba nix hot und grad nimmt!

A Vetta! A so waar'n s'ma recht! // Ja, selle Verwandte gab's vui, // Wo jeda was brauchat und möcht, // Und jeda was o'brocka wui.

Da gang oan d'Vawandschaft net aus, // De fressat oan' arm, vor ma schaugt, // Koa sella kimmt net in mei Haus! // A Vetta! Dös hätt mag ge'taugt!"

Sie hamm jetzt die Fensta zuag'schlag'n // Und wergeln und schimpfa no drin. // Da Joseph woaß gar nix zum sag'n, // Es ist eahm ganz wunderli z'Sinn.

Ich habe im Flüchtlings-September 2015 bei einer Großkundgebung im Landkreis München, dem „Keferloher Montag", aus ihr vorgelesen; mit mir der zuständige Landrat des Landkreises München, der evangelische Christoph Göbel, dessen Frau aus Asien stammt (Ludwig Thomas erste Frau Marion war Philippinin) und einst selbst Flüchtling war, wie er erzählte. Der Landrat war mit der Flüchtlingswelle intensiv befasst, da funktionsbedingt zugleich oberster Polizist des Kreises und oberster Samariter. Ihm galt der Respekt aller, weil er die eine Aufgabe nicht für die andere verraten hat.

Ich wiederhole: Eigentlich sind alle Bayern Protestanten.

„Alle Bayern Protestanten?!", werden Sie dazwischenrufen. „Wo der Freistaat von barocken Kirchtürmen, Marterln am Wegesrand, Prozessionen und Kirchweihfesten geprägt ist? Wo die Gottesmutter offizielle Landespatronin ist? Wo immer noch die Mehrheit der Bevölkerung der katholischen Kirche angehört? Wo gar der letzte Papst herkommt? So reden kann wohl nur einer wie der Gauweiler, über den die *Süddeutsche Zeitung* geschrieben hat, er sei ‚der Mann mit dem evangelischen Geburtsfehler'."

An meiner alten Schule in Großhadern („Hadern"), einem vormaligen Bauerndorf am Stadtrand von München, gab es zehn Evangelische. Bei insgesamt 200 Schülern. Der evangelische Religionsunterricht fand in einem gemütlichen Dachstüberl unserer Canisius-Schule statt, alle Evangelen miteinander, egal aus welcher Jahrgangstufe. Die Schule war nach dem gegenreformatorischen Heiligen Petrus Canisius benannt.

Unser „Evangelen-Kammerl" war gleichzeitig das „Film-Zimmer" der Schule und ich erinnere mich an eine Vorführung von „Heidi und Peter", des Kinder-Klassikers der Johanna Spyri, die alle gebannt verfolgten. Der Pfarrer, der den Alm-Öhi immer wieder auf dem Berg besuchte und schließlich zum Glauben zurückholte, war ein Evangelischer, was uns vor den Mitschülern mit Genugtuung erfüllte.

Ein Teil der Evangelischen waren Heimatvertriebene. In Großhadern hießen sie nur „die Flüchtling'". Sie hatten es schwer, weil sie zu allem, was ihre Familien und sie selbst durchgemacht hatten, auch noch unter „Preußenverdacht" standen. Ich war evangelisch, kein Flüchtling, preußisch sowieso nicht, sondern ein kleiner, evangelisch geborener Münchner. Eine Kombination, auf die ich zeitlebens angesprochen werden sollte. Meine Mutter erzählte immer wieder schmunzelnd von meiner Taufe in der Münchner Haas-Klinik durch den Pfarrer von Sendling, Oskar Loy. Zwei katholische Ordensschwestern des Franziskanerordens, die das Krankenhaus pflegerisch betreuten, hatten mich mit einer blauen Schleife besonders hübsch gemacht. Bei der kurzen Zeremonie hielten sie mich über das Taufbecken. Meine Mutter vermutete später:

„Sie haben Dir bestimmt etwas Katholisches ins Ohr geflüstert." Das war nicht „kontroverstheologisch" gemeint, sondern aus unterstellter Fürsorge der Klosterschwestern für ihren evangelischen Schützling.

Meine Mutter war in ihrer Jugend Mitglied des „Gustav-Adolf-Vereins" gewesen, der im 19. Jahrhundert wegen stramm-protestantischer Militanz in Bayern zeitweise verboten werden sollte. Das hinderte sie nicht daran, in Krankheits- und sonstigen Notfällen „zum Rupert Mayer" zu gehen, in seine „Unterkirche" unter dem Bürgersaal in der Münchner Kaufingerstraße. Dort betete sie mit uns Kindern und wir zündeten eine Kerze an.

Meine Eltern waren als junge Leute nach München gezogen, die Großeltern waren evangelische Pfälzer. Aber Pfalzbayern war ja auch königlich-bayerisches Stammland, weshalb die Familie einwandfrei als staatsbayerisch durchging.

Haderner Buben trugen Lederhosen, kurz oder lang. Die katholischen Klassenkameraden waren meine Freunde, zu Beginn des Unterrichts bekreuzigten wir uns und beteten gemeinsam ein „Gegrüßet seist du, Maria". Ich mag dieses Gebet bis heute und fand später heraus, dass Luther den Marienlobgesang aus dem Lukasevangelium – das weltberühmte Magnifikat – täglich zu beten empfahl. Dies sei *„nit ein unbilicher Brauch"*, so Meister Martin wörtlich. Für den Reformator war und blieb Maria zeitlebens eine *„ewig heilig selig Mater"*. Es freut mich jedes Mal, wenn bei der alljährlichen Feier zum Todestag König Ludwigs II. (13. Juni) bei der Votivkapelle am Starnberger See der evangelische Posaunenchor Berg „Meerstern, ich Dich grüße/ Oh Maria hilf" spielt. Eingeladen vom Verein „König Ludwig II. – Deine Treuen".

Auch dem Lutheraner begegnet das Heilige nicht nur im Wort, und auf der andere Seite hat ja Papst Benedikt XVI. bei seinem Besuch des Weltjugendtages in Köln, gleich nach seiner Papstwahl, unmissverständlich klargemacht: „Gemeinsam bekennen wir Jesus Christus als Gott und Herrn; gemeinsam erkennen wir ihn als einzigen Mittler zwischen Gott und den Menschen an." „Wann hat man einen Papst schon einmal so kurz und knapp ein urprotestantisches Bekenntnis ablegen hören?", schrieb dazu die *FAZ*. Damit ist doch alles klar. Das Augsburgische Bekenntnis verlangt ja andererseits von den Protestanten ausdrücklich, dass sie der Heiligen gedenken sollen. Dort heißt es: „*Vom Dienst der Heiligen*" im Artikel 21: „Vom Heiligendienst wird von den Unseren so gelehrt, daß man der Heiligen gedenken soll, damit wir unseren Glauben stärken ... Außerdem soll man sich an ihren guten Werken ein Beispiel nehmen, ein jeder in seinem Beruf."

Als Kreisverwaltungsreferent lernte ich

Gauweiler und Benedikt in den Gärten des Vatikans: Der Autor gratuliert Papst emeritus Benedikt XVI. zum 85. Geburtstag.

viele Heilige kennen: bei der Feuerwehr den heiligen Florian, beim Gaststättenwesen, wozu auch die Volksfeste gehören, den auf dem Rost gefolterten Laurentius (Schutzpatron der Köche), im Innenministerium den von Pfeilen durchbohrten Sebastian als

Patron für die Polizei; in der Obersten Baubehörde die Patronin unserer Mineure, der Tunnelbauer, die heilige Barbara. In unserer Kanzlei stellten wir für uns Rechtsanwälte den heiligen Nikolaus auf, der nicht nur als Patron der Kinder gilt, sondern – wegen eines erfolgreichen Plädoyers, als er einem Richter im Traum erfolgreich ins Gewissen sprach – auch als Patron der Rechtsanwälte.

Bewahren und fortschreiten: Für mich ist der real existierende Benedikt der kirchliche Reformator für unsere Zeit. Bis zum Schluss seines Pontifikats, da er sich 2013 für den revolutionären Weg ins Freie entschied, was vor ihm nur Papst Coelestin gewagt hatte, Ende des 13. Jahrhunderts. Römischer Pontifex, aber auch dienstbarer Knecht und freier Herr aller Dinge. Ganz gebunden und ganz frei. Katholisch und evangelisch zugleich. Gerade auch wegen seiner konservativen Seite gelang ihm die mühelose Auflösung uralter Kontroversen. Und wo es Spannungen gab, wie nach seiner Regensburger Rede zum Islam, führten diese auf eine höhere Ebene und dann eben dadurch zu einem besseren Verständnis. Der größte Meister der Theologie in Deutschland seit Martin Luther. Zwei Theologieprofessoren, wie Leuchttürme. Aufklärer, Klar-Macher. Josef Ratzinger 1981, noch als Erzbischof, predigte in der evangelischen Matthäuskirche in München: „Wenn wir die Worte des Glaubens von beiden Seiten lesen, etwa die Sätze des Heiligen Johannes vom Kreuz oder die Lieder von Paul Gerhardt, dann wird sichtbar, daß es in dem innersten Dialog des Glaubens immer Einheit gegeben hat und gibt." Besser kann man es nicht ausdrücken.

Auch in unseren unterschiedlichen Bräuchen und Überlieferungen kann man heute eine Bereicherung sehen. „Es gibt so viele Wege zu Gott, wie es Menschen gibt", das ist nicht von Luther, sondern von Ratzinger. Unabhängig von allem: „Wer das Himmelreich nicht annimmt wie ein Kind, der wird niemals hineingelangen". Das ist von Jesus von Nazareth.

Zum Konfessionsunterschied hatten wir Kinder in Hadern ein sportliches Verhältnis – jeder von uns Konfessionsschülern war überzeugt, dem „besseren" Bekenntnis anzugehören. Wir Evangelischen natürlich auch: Das Abendmahl feiert man bei uns mit Brot und Wein, die Pfarrersfamilie ist ein Abbild der eigenen Familie und der Blick auf Gott wird in der Kirche nicht durch irdische Pracht abgelenkt. Unsere „Evangelische Notkirche Großhadern", ein schmuckloser Behelfsbau, gab dafür ein gutes Beispiel ab. Dort war meine Heimat. Wo ich mit meinem Vater und meinen Schwestern alljährlich „O du fröhliche" sang, während meine Mutter alles vorbereitete.

Natürlich gab es in Hadern konfessionellen „Wettbewerb". Aber nicht unfreundlich. Ein bisschen wie mit „Bayern" und „1860".

Championsleague und Regionalliga. Schon zahlenmäßig. Unser religiöses Leben wurde wie selbstverständlich in einer katholischen Umwelt gelebt, man kann das heute „Fremdheitsblick von Innen“ nennen. Dieser Gegensatz war Teil unserer natürlichen Existenz. Aber in jeder Religionsstunde sang unsere altliebe Religionslehrerin, das Fräulein Autrum, das Hohelied unserer evangelischen Freiheit. Und schärfte uns ein, dass die armen Katholiken nur wegen der „Sonntagspflicht“ und aus Angst vor dem Fegefeuer öfters in die Kirche gehen müssten als unsere Leute. Das beeinträchtigte unsere Stammessolidarität nach außen nicht, sondern ergänzte sie.

Ich erinnere mich noch, wie wir uns in der dritten Volksschulklasse nach dem Tod des Papstes Pius XII. darüber unterhielten, ob der Münchner Kardinal Wendel eine Chance hätte, Papst zu werden, und wir uns gemeinsam über die Bevorzugung der Italiener erregten.

Unabhängig davon war der verstorbene Pacelli-Papst in unseren Familien sehr populär gewesen. Mein Vater erzählte immer wieder, dass seine Kameraden in amerikanischer Kriegsgefangenschaft und er selbst im Lager Garmisch von Pius XII. kleine Lebensmittelpakete („Liebesgaben“) geschickt bekommen hätten – insgesamt versandte der Heilige Stuhl bis 1951 rund 10.000 Tonnen Hilfsgüter nach Deutschland. Am Tage nach der Todesnachricht ging mein Vater mit einer schwarzen Krawatte in seine Rechtsanwaltskanzlei.

Viele, viele Jahre später erinnerte ich den Autor des „Stellvertreters“ an diese von mir geteilte Wertschätzung Pius’ XII. in einem Briefwechsel, zu dem mich sein Verlag für sein neues Buch eingeladen hatte, statt eines Vorworts. Hochhuth selbst hatte kurz zuvor gesagt: „Es gibt viele interessante Wahrheiten, die interessantesten widersprechen einander.“ Ich hätte auch noch darauf hinweisen können, dass der „Luthersspross“ Thomas Mann vor diesem Papst sogar niedergekniet war: „bewegte Kniebeugung und Dank für die Gnade“ (Tagebuch, 1. Mai 1953). Eugenio Pacelli sprach mit dem Nobelpreisträger laut diesem Tagebucheintrag über die Wartburg, die er als Nuntius in Deutschland besucht hatte und über die Einheit der religiösen Welt. In Großhadern beschloss die katholische Canisius-Gemeinde, den Evangelischen für ihre neue Kirche („Reformations-Gedächtniskirche“) den Taufstein zu stiften.

In unserer evangelischen Gemeinde in Großhadern fand ein prägender Teil meiner Kindheit und Jugend statt; der Hit in den 50er Jahren war die evangelische „Jungschar“ – aufregend, wie unsere Gruppe 1959 zum evangelischen Kinderkirchentag auf die Theresienwiese fuhr. Ich wurde von einem Reporter des Bayerischen Rundfunks für die Haderner Jungschar interviewt und versprach mich zweimal, woraufhin mich unser Pfarrer „Flasche“ nannte. Mitte der 60er Jahre gründeten wir den evangelischen Posaunenchor Großhadern, Trompeten und Posaunen wurden den Bläsern von der Landeskirche gestellt. In der Silvesternacht waren wir unterwegs und spielten „Wachet auf, ruft uns die Stimme“. Und fühlten uns ein bisschen wie von der Heilsarmee. Endlich etwas Rituelles, das die Katholischen nicht hatten. Später besuchten wir den Kirchentag in Köln, ich spielte mit meiner Zugposaune in einem Chor von über 1000 Bläsern. Das war kein schlechtes Gefühl – einmal nicht in der Minderheit zu sein. Heute gibt es in der evangelischen Kirche übrigens über 7000 Posaunenchöre, in denen 113.000 Blechbläserinnen und Bläser Gott ihr Lob blasen – die größte Laienbewegung in Deutschland.

In Großhadern hatten wir in der „Jungen Gemeinde“ dann noch eine Theatergruppe gegründet, die biblische Stücke in hochmoderner Form aufführte. Einmal spielte ich den „armen Lazarus“, ich erinnere mich noch, dass wir für den Himmel ein Plakat von Karl Marx hernahmen und dies als geniale Brecht'sche „Verfremdung“ feierten. Bei einer Berlinreise mit „meinem“ Ludwigsgymnasium besuchten wir in Ostberlin das Theater am Schiffbauerdamm, wo das Stück „Die Tage der Kommune“ gezeigt wurde. Das alles hinderte mich nicht, schon damals – es war das Jahr 1966 – ein ziemlich überzeugter Anhänger des bereits hoch aufgestiegenen (und zwischendrin wieder gestürzten) bayerischen Ausnahmepolitikers Franz Josef Strauß zu sein. Meine Klassenkameraden teilten diese Meinung nur bedingt. Die gauweilersche Strauß-Bewunderung wurde schließlich zu einer Art Alleinstellungsmerkmal und verfestigte sich nochmals, als ich 1968 an der Münchner Ludwig-Maximilians-Universität ins Studentenparlament gewählt wurde. In dieser Hochzeit der „Außerparlamentarischen Opposition“ standen von den 60 Mitgliedern des Konvents 55 bei der Linken, die fünf restlichen beim „Ring Christlich-Demokratischer Studenten“ (RCDS). Für die anderen waren das gottverdammte Reaktionäre – und ich war ihr Vorsitzender.

Mir war das nicht wirklich unangenehm. Wir selbst sahen uns als christlich gebundene, aufklärerische Wellenbrecher gegen eine neue Sturmflut des Totalitarismus und hatten Spaß daran, die andere Seite mit ihren Widersprüchen zu konfrontieren: „Kein SED-Student in den Konvent“, was auch nicht ganz unpolemisch war. Freiheit oder Sozialismus. Aber 30 Jahre später lobte mich sogar Ex-SED-Chef Egon Krenz in seinem Gefängnis-Tagebuch, was mich anrührte, gerade weil es von einem so tief Gestürzten kam. Ich hatte im *Spiegel* für Gnade im Umgang mit den Spitzen der DDR plädiert: „Recht ist nicht alles“.

Kleiner Exkurs in Sachen Pardon der Nation und Politik mit christlichem Violinschlüssel, gerade als CSU-Politiker: Letztlich waren auch die Angehörigen der kommunistischen Klasse der DDR keine Einzeltäter gewesen, sondern Geschöpfe des europäischen Bürgerkriegs, an den im Deutschland des 20. Jahrhunderts mehr als eine Generation verlorenging. Die Überzeugung – man kann auch sagen: der Wahn – moralisch überlegen zu sein, hatte sie jede Hemmung verlieren lassen. Aber der Gnade, der sie bedurft hätten, bedürfen wir alle. Im *Kleinen Katechismus Dr. Martin Luthers* heißt es zur fünften Bitte des Vaterunsers („Und vergib uns unsere Schuld ...“) auf die Frage „Was ist das?“: „... denn wir sind dessen nicht wert, was wir bitten, haben's auch nicht verdient... so wollen wir wiederum auch herzlich vergeben...“.

Außerdem war Krenz derjenige gewesen, der in der alles entscheidenden Nacht vom 9. November den Befehl gab: „keine Gewalt“. Die Führung der sowjetischen Streitkräfte in der DDR hatte sich, als die Erde bebte, an ihm orientiert, nicht an Moskau, das verstummt war. „Bleibt in den Kasernen!“ In dieser Nacht noch bedankte sich der amerikanische Präsident Bush bei Krenz mit einem Telegramm für dessen Politik. Ich weiß das von Egon Krenz selbst.

Krenz war Honeckers Stellvertreter, als es um jenen „Milliardenkredit“ ging, den wir als Angebot an die regierende Klasse der DDR im Sinne eines compromesso storico verstanden und ohne den und alles, was danach kam, die Öffnung der Berliner Mauer nicht gedacht werden kann. Ich hatte auch das nicht vergessen. Als ich Egon Krenz nach seiner Freilassung zu einem Mittagessen in Berlin in die Bayerische Vertretung eingeladen hatte, erzählte er mir, dass Erich Honecker über die Nachricht von Straußens Tod am 3. Oktober 1988 so erschüttert war, dass er unbedingt an dem Begräbnis in München teilnehmen wollte. Es sei seine, Krenz' Aufgabe gewesen, dem Generalsekretär dies im Namen des Politbüros auszureden. Die DDR war beim Begräbnis in München dann nicht durch Honecker vertreten, sondern durch Günter Mittag, den ZK-Sekretär für Wirtschaftsfragen. Mittag, der infolge einer Diabetes-Erkrankung beide Beine verloren hatte, ließ es sich nicht nehmen, im Trauerzug von der Residenz bis zum Siegestor als „Ohnbeiner" auf seinen beiden Prothesen mitzuschreiten. Ritterlichkeit sollte zwischen den Anhängern völlig unterschiedlicher Systeme und Ideologien nicht verboten sein – auch wenn man sich dem anderen moralisch himmelhoch überlegen fühlt.

Als Strauß damals beerdigt wurde, kondolierten die Generalsekretäre nahezu aller regierenden kommunistischer Parteien der Welt. Das hatte es zuvor nur bei der Beerdigung von General de Gaulle gegeben. Bei der Totenehrung in München folgten insgesamt 70 Staats- und Regierungschefs dem Sarg durch die Ludwigstraße bis zum Siegestor.

Zwei Wochen später schrieb mir Richard von Weizsäcker – ich war wenige Tage nach diesem Ereignis als Staatssekretär zur Obersten Baubehörde versetzt und damit wieder einmal „gestürzt" worden – in einem sehr persönlichen, aufmunternden Brief, dass dieser Tag, den ich mit anderen zu organisieren hatte, einer der erhebendsten seiner Amtszeit gewesen war. Er wolle mir durch eine Einladung in die Villa Hammerschmidt dafür danken. Ich bin noch heute überzeugt, dass es für den „Pardon der Nation" – und für alles, was Erich Honecker in den nächsten fünf Jahren persönlich und der von ihm repräsentierten politischen Klasse der Ex-DDR widerfuhr –

besser gewesen wäre, das ZK hätte ihm den Gang mit Weizsäcker und all den anderen durch die Ludwigstraße gestattet, hinter dem toten Strauß. Krenz sagte mir später, dass ich leider recht gehabt hätte.

Achtung: Diese Feststellung macht das Böse am gewesenen Kommunismus nicht besser – um überhaupt nichts. Aber die politische Klasse des Westens hätte, nach allem, was sie zuvor mit der anderen Seite ins Werk gesetzt hatte, der Lynch-Stimmung gegen Honecker den Aufruf für ein „Pardon der Nation" entgegensetzen können – eigentlich müssen. Dass sie das nicht tat, beweist einen Mangel an weltanschaulicher Haltung. Dieses Defizit blieb kein Einzelfall, wie sich zehn Jahre später in der Mitleidlosigkeit zeigte, mit der ausgerechnet die Christlichen Demokraten ihren vormaligen *hero*, Bundeskanzler a. D. Helmut Kohl, wegen einer nicht ordnungsgemäß verbuchten Parteispende in den Abgrund stießen.

Der Literaturkritiker Marcel Reich-Ranicki sagte mir, als ich ihn damals gemeinsam mit Klaus Bölling in seiner Frankfurter Wohnung besuchte, dass ihn dieses Verhalten an die Königsdramen von Shakespeare erinnere: „Dass jene, die vor dem König knieten, kaum, dass er die Macht verliert, die Ersten sind, gegen ihn zu reden. Shakespeare hat das fabelhaft vorausgesehen."

Eigentlich verstanden wir uns auch mit den APO-Aficidonados ganz gut, von erbitterten Kämpfen, wo wir uns wie Krieger gegenübertraten, abgesehen; der härteste, als der israelische Botschafter Asher Ben-Natan meine Einladung ins Audimax der Universität angenommen hatte. Jeder Vergleich hinkt, aber irgendwie fühlte ich mich bei diesen Debatten in der großen Aula wie Luther gegen Eck bei den Disputationen an der Leipziger Universität. Ich fühlte uns jedenfalls so im Recht, wie er sich gefühlt haben muss. (Irgendwann ist es einem dann mit der Im-Recht-Fühlerei freilich genug und man würde am liebsten das Schachbrett umdrehen. Luther sagte dazu, man vertraue auch dann tapfer auf Christus). Sonst kommt man in die Gefahr, mit der Wahrheit zu lügen.

Der von mir richtungsmäßig am weitesten Entfernte war einer der nettesten: Fritz Teufel, der 1968 von Berlin nach München wechselte. Ich hatte Fritz auf einem Teach-in über die Anerkennung der DDR kennengelernt, wozu ich einen FJS-Referenten eingeladen hatte, der dann nicht kommen durfte. 22 Jahre später gratulierte mir Teufel zu meiner Hochzeit 1990 mit Eva aus Kronach. Das Geschenk des Berliner Kommunarden an uns beide war eine selbstgebastelte Collage, ein Draht-Radler. Teufel und ich verbrachten in den 90er Jahren einen schönen Sommerabend in Berlin bei Buletten im Haus des Spiegel-Redakteurs Hans Halter. Damals erzählte er mir von seinen Radtouren in den Osten. Als wir auf die Geschichte seiner Kommune und die späteren (unberechtigten) Vorwürfe gegen ihn selbst und die langen Jahre in der Haft zu sprechen kamen, antwortete er mir nicht auf meine Frage, ob es das alles wert gewesen sei. Er merkte lediglich an, dass er jetzt „bis zur Wohnung von Lotte Ulbricht" radeln könne und ob wir nicht einen Radweg von Berlin nach München bauen sollten. Er würde ihn auch Franz-Josef-Weg nennen. Dazu kam es nicht, aber ich kaufte mir daraufhin die Memoiren von Lotte Ulbricht.

Als ich Jahre später las, dass Kardinal Ratzinger „die Hauptberechtigung" dieser Jugendbewegung der APO darin sah, „dem Guten in der Welt zu dienen", versetzte mir das als altem Contra einen Stich. Aber ich musste mir dennoch eingestehen, dass der spätere Papst auch darin Recht hatte. Es ging ja schlimmstenfalls um das fehlgegangene Gute.

Meine Altersgenossen hatten im Namen eines ehrlichen Gefühls protestiert. Weil sie nicht wirklich etwas ändern konnten, gerieten einige von ihnen ins Fieber. Das sollte mir nicht passieren: Für mich ging es in unserer Gesellschaft immer nur „systemimmanent", und Martin Luther hatte das mit seinem Fürstenbündnis ja auch getan.

Revolution oder Reform, 50 Jahre später: Für ein Seminar meiner Bundestagskollegin Luc Jochimsen von der Linkspartei in Mühlhausen hatte ich mich mit Thomas Müntzer beschäftigt, dem Lieblingsreformator von Friedrich Engels. Müntzers Porträt auf dem 5-Mark-Schein der DDR wird durch die Hände von Millionen von Deutschen gegangen sein. Da war es wieder: das fehlgegangene Gute. Müntzer wollte sie ja unbedingt, die große Schlacht, „das schwerthe Gydeonis". Man kann auch sagen: den heiligen Krieg. Die gebildete, angenehme Luc – die eigentlich Lukrezia heißt (nach der wilden Tochter des Medici-Papstes) – freute sich, dass ich bei ihrem Seminar darauf hinwies, dass man den wohlwehen Revolutionär Müntzer jedenfalls in Bayern heute noch immer hören kann. Im katholischen Gotteslob (Nr. 230) und im bayerischen Evangelischen Kirchengesangbuch (Nr. 3) ist sein gefühlstarkes Lied abgedruckt: „Gott, heilger Schöpfer aller Stern /erleucht uns, die wir sind so fern". Die Linken wiesen natürlich darauf hin, dass viele Gedanken ihres evangelischen Revolutionärs aus Thüringen nicht tot sind, sondern von der lateinamerikanischen Befreiungstheologie übernommen wurden und dort bis zum heutigen Tage lebendig sind. Namentlich bezogen sie sich auf den bekanntesten Vertreter dieser Richtung, den bolivianischen Bischof Gustavo Gutiérrez. Dazu konnte ich nur beisteuern, dass der namhafteste Verteidiger gerade dieses Theologen der römisch-bayerische Kardinal Gerhard

Müller ist, der mit Gutiérrez 2004 sogar ein hochdramatisches Buch veröffentlicht hat: *An der Seite der Armen*.

Dort heißt es: „Die Befreiungstheologie wird ... nicht tot sein, solange sich Menschen von dem befreienden Handeln Gottes anstiften lassen und Solidarität mit den Leidenden zum Maß ihres Glaubens machen." Sie rieben sich die Augen. Ausgerechnet Gerhard Müller! Ihnen konnte nicht bekannt sein, dass der Kardinal alljährlich bei Gutiérrez in einer lateinamerikanischen Armutskirche hospitiert und dass dies ohne jedes öffentliche Aufheben geschieht.

Bei den linken Ossis sprach ich im Übrigen nicht nur über Thüringen, sondern auch über die bayerische Gemeinschaft und dass unseren weiß-blauen Lebensraum katholische und evangelische Prägungen kennzeichnen. Das hatten sie nicht auf dem Schirm. Franken ja – Luc unterschrieb ihre Briefe an mich gern mit der Formel „Ihre protestantische Fränkin". Aber dass selbst das Alpenvorland eine evangelische Erinnerung hat, glaubten sie nicht.

Dabei hat der Landesbischof Heinrich Bedford-Strohm völlig recht: Bayern – in seinem heutigen territorialen Umriss – gehört in Gänze zu den „Kernlanden des Protestantismus". Das macht im Reformationsjahr 2017 nicht nur die bayerische Landesausstellung im nördlichsten Bayern auf der Veste Coburg sehr deutlich. Die Geschichte der Reformation wurde überall in Bayern geschrieben und gelebt.

Ein bisschen Volkshochschule muss sein: Der rot-weiße Zickzack rechts oben heißt „Franken-Rechen". Darunter die drei schwarzen Löwen der Staufer für die bayerischen Schwaben. Daneben für die Nieder- und Oberbayern der blaue Panther von Ortenburg, und über ihm der Pfälzer Löwe für die Obere und die Untere Pfalz.

Das bayerische Staatswappen, auch ein Wegweiser durch die Kirchengeschichte

Schon dieser goldene Löwe, der 1214 Wappentier der Familie der Wittelsbacher wurde und heute Symbolfigur des Freistaates ist, steht für das evangelische Problem. Er lief nämlich lange Zeit an der ziemlich kurzen evangelischen Leine. Wieso das?

Zum Wappentier der Wittelsbacher war der König der Tiere geworden, als der Stauferkönig Friedrich II. die Wittelsbacher mit der kurfürstlichen Pfalzgrafschaft bei Rhein belehnte. Das Wappentier der Pfalzgrafen aber war der Löwe, und der ist seither das verbindende Element aller altbayerischen und pfälzischen Linien. Bereits 1329 hatte sich die Familie in zwei Hauptlinien aufgespalten: den Münchner Familienstamm der Wittelsbacher einerseits, mit Ablegern in Straubing und in Ingolstadt, und den pfälzischen Wittelsbacher-Stamm andererseits, zu dem unsere heutige Oberpfalz genauso gehörte wie das „linksrheinische Bayern“. Diese wittelsbachischen Pfalzen wurden nach der Reformation evangelisch bzw. calvinistisch.

Wer die evangelischen Wittelsbacher heute besuchen will, muss nach Neuburg in der Oberpfalz fahren. Die Zeit des Fürsten Ottheinrich von Wittelsbach (1502–1559) nennt man dort in der Erinnerung die „goldene Zeit des Fürstentums Pfalz-Neuburg“. Das kleine Neuburg war zu einer europäischen Metropole geworden, nachdem Ottheinrich 1542

Hofmarschall Pankraz von Freyberg zu Hohenaschau, 1508–1565

Früher Anhänger des neuen Glaubens:
Pfalzgraf Ottheinrich von Neuburg, 1502–1559

die Reformation in der Oberpfalz eingeführt hatte. Er war der mächtigste evangelische Wittelsbacher.

Ottheinrich steht 2017 wieder vor uns – in der großartigen Ausstellung „Fürstenmacht & wahrer Glaube – Reformation und Gegenreformation". Der bayerische Ministerpräsident hat sie eröffnet und Herzog Franz von

Bayern hat ihr ein Geleit mitgegeben, das die beidseitig konfessionelle Verantwortung seiner Familie beschreibt. Auf den Bildern sieht der Fürst ein bisschen aus wie ein oberpfälzischer Heinrich VIII. Dazu passt, dass die Tochter des Engländers, die antikatholische Elisabeth I., diplomatische Beziehungen mit Neuburg aufnehmen wollte. Unser Fürst war protestantisch, aber ein Mann der Sinne: Die in seinem Auftrag errichtete Neuburger Schlosskapelle gilt nicht nur als der früheste protestantische Kirchenraum in Deutschland, man nennt das oberpfälzische Gotteshaus, ganz unevangelisch, die „Bayerische Sixtina" wegen der reich verzierten Deckengemälde. Der konfessionelle Rollback kam drei Generationen später, und in dem Zusammenhang sollte nicht unerwähnt bleiben, dass Bayerns Staatslenker Montgelas zu Beginn des 19. Jahrhunderts in seinen Betrachtungen über die tausendjährige Religionspolitik Bayerns die „Rekatholisierung“ der Oberpfalz als unmenschlich und grausam kritisiert hat: Glaubensverhöre, Hasspredigten auf beiden Seiten, sogar Brudermorde.

Eine weitere Ausstellung möchte ich erwähnen, diesmal in Franken: Im Staatswappen verweist der „Fränkische Rechen“ mit den drei weißen Spitzen auf die Dreifaltigkeit Gottes. Vater, Sohn und Heiliger Geist. Das war auch das Erkennungszeichen der Würzburger Fürstbischöfe, weltliche und geistliche Herrscher Mainfrankens. Ins Reformationsjahr fällt der 400. Todestag des wirkungsmächtigsten dieser Bischöfe, des Fürstbischofs Julius Echter von Mespelbrunn (1545–1617). Als ein „von Gott selbst gesandter Reformer“ wurde er schon zu Beginn seiner Amtszeit von den Gläubigen gefeiert.

Keine Persönlichkeit der Würzburger Geschichte polarisiert bis heute wie dieser Kirchenführer. Im Würzburger Museum am Dom bekommt man sie höchst eindrucksvoll vorgeführt, die von ihm aufgepeitschten großen Wellen der Gegenreformation: Unversöhnlichkeit, Hexenverbrennungen, aber auch die von Echter vorangetriebene Gründung zahlloser sozialer Einrichtungen, des Juliusspitals und der großartigen Würzburger Universität. Gehört das zu den Wirkungen von „Evangelisch in Bayern"? Ja, denn erst die lutherische Provokation hat die fürstbischöfliche Antwort möglich gemacht. Die andere fränkische Metropole, Nürnberg, war die erste Stadt in Deutschland, die 1525 geschlossen die Reformation einführte, wobei man heute weiß, dass der Nürnberger Rat, obwohl einem lutherisch-obrigkeitlichen Glaubensverständnis verpflichtet, die Reformbewegung nicht nur lenken, sondern entschärfen wollte. Nürnberg trug auch in anderer Hinsicht zum reformatorischen Geschehen bei, und zwar entschieden: Die Stadt war im Buchdruck ganz vorn, dem

Multiplikator der reformatorischen Bewegung. Zu Beginn des 16. Jahrhunderts bestanden hier 21 Druckereien, die unter anderem Luthers 95 Thesen vervielfältigten, reformatorische Flugschriften druckten und auch das erste evangelische Gesangbuch, das „Achtlieder-Heft“ auflegten. Alles, was Kunst ist, wurde im Jahrhundert der Reformation in Franken für die evangelische Sache mobilisiert. Allen voran der Jahrtausend-Maler Albrecht Dürer und Lucas aus dem oberfränkischen Kronach, der sich nach seiner Vaterstadt benannte und als Lucas Cranach weltberühmt werden sollte. Lucas Cranach, der viele Jahrzehnte in Wittenberg lebte, baute dort eine Malerwerkstatt, um nicht zu sagen eine ganze Kunstfabrik im Stile der „Factory“ des Popart-Künstlers Andy Warhol auf. Hier entstand unter anderem das quasi offizielle Porträt Martin Luthers, mit dem der Maler eng befreundet war. Für die Sache der Reformation nicht nur in Bayern waren diese Künstler äußerst wichtig, besorgten sie für sie doch die Bildpropaganda – in einer Zeit, in der die meisten Menschen nicht lesen konnten, von unschätzbarem Wert.

Die drei staufisch-schwäbischen Löwen im Staatswappen symbolisieren König, Kaiser und Herzog. Damit machen die Schwaben sichtbar, dass sie für das wichtigste Geschlecht in Deutschland stehen. Vor 500 Jahren war das fuggersche Augsburg die Welthauptstadt des Kapitalismus. Im 16. Jahrhundert wurde die Stadt zum Schicksalsort für das Zusammenwirken von Bekenntnis und Macht, aber auch zum Schicksalsort von Martin Luther. Hier sah er der römischen Weltkirche bei dem Treffen mit Kardinal Kajetan ins Auge und „Augsburgisch" nennt sich auf allen fünf Kontinenten das Weltbekenntnis der Reformation, wo immer es evangelische Gottesdienste gibt.

Mit welcher Wucht die Reformation in der Stadt anfangs durchstieß, lässt sich daran ablesen, dass einer der mächtigsten Männer Augsburgs, Anton Fugger, 1533 vom städtischen Rat zu sieben Tagen Turmhaft verurteilt wurde, weil er sich für die alte Kirche eingesetzt hatte. Die reformatorisch gesinnte Pfarrgemeinde hatte den Rat auf ihre Seite ziehen können. Andere schwäbische Städte taten es Augsburg gleich und entschieden sich für die Reformation, etwa Memmingen, Kempten, Ulm, Biberach und Donauwörth.

Das bedeutet aber nicht, dass damit die Glaubensauseinandersetzungen für immer beigelegt waren. So ging Donauwörth 1606 in die Geschichtsbücher ein, weil die Protestanten und die – dank Gegenreformation – wieder erstarkten Katholiken sich derart beharkten, dass dieser lokale Streit (als „Kreuz- und Fahnengefecht" in die Geschichtsbücher eingegangen) deutschlandweit für Unruhe sorgte: Der Religionsfriede von 1555 war gebrochen worden. Der Kaiser fackelte nicht lange, er drohte der Stadt mit der Reichsacht, sollte sie die Rechte der katholischen Bürger nicht respektieren. Der Rat blieb stur, was dazu führte, dass Herzog Maximilian eindrucksvolle 17.000 Mann – ein Vielfaches der Einwohnerschaft – vor der kleinen Reichsstadt aufmarschieren ließ und Donauwörth schlussendlich vom Herzogtum Bayern annektiert wurde. Das wiederum führte zur Gründung der Protestantischen Union als Schutzbündnis lutherischer und calvinistischer Reichsstände – und 1618 brach der Dreißigjährige Krieg aus.

Aus Schwaben ist uns übrigens noch ein anderes Dokument aus der Reformationszeit überkommen, wie es die Welt davor noch nicht gesehen hatte. Nicht nur in den Städten, auch auf dem Land hatten sich die Menschen, die oftmals unter erbärmlichen Bedingungen lebten, für die Lehren Luthers begeistert. Die Bauern taten sich zusammen, und 1525 kam es in Europa erstmals zur schriftlichen Erklärung von Menschen- und Freiheitsrechten – ich meine die „Zwölf Bauernartikel“ von Memmingen. Dass Luther sich später gegen die Bauern stellte, ist bekannt – aber die Gedanken waren formuliert und ein für allemal schriftlich fixiert.

Aber was ist mit Ober- und Niederbayern? Dafür steht sprungbereit der bereits erwähnte „blaue Panther von Ortenburg“, das Wappentier von Ober- und Niederbayern. Der Markt Ortenburg im Landkreis Passau war einstmals Sitz der freien Reichsgrafen von Ortenburg, eines der angesehensten und mächtigsten Geschlechter des bayerischen Hochadels, damals ernstzunehmende Konkurrenz für die Wittelsbacher. Sie waren nämlich bereits 1538 zum evangelischen Bekenntnis übergetreten – mit weitreichenden Folgen für Bayern: 1563 führten sie, gestützt auf den Augsburger Religionsfrieden, die Reformation in der Grafschaft ein. Das war deshalb möglich, weil

Ortenburg „reichsunmittelbar“ war. Und so feierten die Ortenburger im Jahr 2013 ihr Reformationsjubiläum – 450 Jahre evangelisch. Evangelisch in Niederbayern. Der Ort wurde so zu einer protestantischen Enklave in seinem katholischen Umland und bot Andersgläubigen immer wieder einen Ort der Zuflucht über Jahrhunderte – trotz zahlreicher Versuche der Wittelsbacher, dem Reichsgrafen und seinen Untertanen den neuen Glauben auszutreiben und ihr Wappen aufzuzwingen. Der bekannteste Ortenburger von heute ist übrigens der weltberühmte Klima-Experte Hans Joachim Schellnhuber, Gründungsdirektor des Potsdam-Instituts für Klimafolgenforschung. Der Protestant wurde von Papst Franziskus mit der Vorbereitung der päpstlichen Umwelt-Enzyklika *Laudato si* befasst. Der schöne Untertitel lautet: „Über die Sorge für das gemeinsame Haus“.

Zum Namensgeber dieses neuen Papstes,

dem heiligen Franziskus, hatte ich übrigens schon länger einen besonderen Bezug. Der Verfasser des berühmten „Sonnengesangs" war 1979 von Papst Johannes Paul II. zum Schutzpatron der Umweltschützer ernannt worden. Als ich 1990 Bayerischer Umweltminister wurde, ließ ich eine Figur des Heiligen im Münchener Umweltministerium am Rosenkavalierplatz aufstellen. Gestiftet hatte die holzgeschnitzte Skulptur aus Oberammergau „mein" Ministerpräsident Max Streibl. Streibl war 1970 in der Regierung des Ministerpräsidenten Goppel als Erster überhaupt in dieses Amt berufen worden und damit auch erster Umweltminister weltweit. Die eindrucksvollste Huldigung an Franziskus hörte ich übrigens von einer Grünen, Claudia Roth, anlässlich der Beisetzung von Sepp Daxenberger, dem heimatverbundenen Grünen-Politiker aus Waging am See.

Es gibt auch einen weltberühmten evangelischen Bayern, den seine Zeitgenossen wegen seiner tiefen Naturfrömmigkeit und der Liebe zum Tier „Heiliger Franziskus“ nannten: den Münchner Jahrhundertkünstler Franz Marc, Schöpfer unter anderem der „gelben Kuh“ und des „blauen Pferds“. Der Mitbegründer der Künstlervereinigung „Der blaue Reiter“, geboren in München 1880, entstammte einer tiefreligiösen evangelischen Familie, deren Glaubensbindung Franz Marc nach den Berichten seiner Biografen von früh an geprägt hat. Dieser Klassiker der bayerischen Moderne zog aus der Großstadt München erst ins oberbayerische Sindelsdorf, von dort nach Ried bei Benediktbeuren. Heute ist das Franz-Marc-Museum in Kochel einer der beliebtesten Touristenmagnete des Oberlandes. Franz Marc wurde am 4. März 1916 vor Verdun im Regiment des bayerischen Kronprinzen tödlich verwundet. Seit 1976 steht sein plastisches Konterfei in der bayerischen

Ruhmeshalle an der Münchner Theresienwiese.

Halten wir fest: Nirgendwo im Freistaat ist das Evangelische nur Importware. Seit es den Protestantismus gibt, gibt es ihn in Bayern. Er wirkte auf unsere katholischen Herzöge, die Bischöfe, die katholische Universität in Ingolstadt, auf alle Klöster und die Kleriker wie eine gigantische Hallo-Wach-Tablette. Und hat sie am Ende viel besser gemacht! Alles, was nach Luthers Tod in Bayern bei Rom blieb, wurde kurz- oder langfristig durch seine Herausforderung veredelt. Niemandem zwischen Spessart und Karwendel blieb Martin gleichgültig.

Man kann diese Entwicklung an vier Thesen festmachen:

Erstens: Das alte Herzogtum Bayern war ein Ursprungsland der selbstständigen Staatskirchenpolitik in Europa und übrigens auch der religiösen Opposition im Heiligen Römischen Reich. Lange vor Luther.

Zweitens: In und auf Bayern hat Martin Luther als Person größte Wirkung ausgeübt. Von Anfang an. Kirchengeschichtliche Großereignisse, die mit seinem Namen verbunden sind, fanden in Bayern statt.

Drittens: Ohne Reformation kein derartiger Erfolg der katholischen Reform, keine Gesellschaft Jesu in Bayern, kein bayerischer Hochbarock. Diese kulturellen Großanstrengungen sind ohne die Initialzündung Martin Luthers nicht denkbar. Die Reformation löste auch im anderen Lager Bayerns Reformbestrebungen aus, die das Bildungswesen und die kulturelle Darstellung des katholischen Europas erneuerten und bis heute bestimmen.

Viertens: Dass die Evangelisch-Lutherische Kirche in Bayern heute eine der finanzmächtigsten und verwaltungsstärksten Einzelkirchen der Welt ist, geht auf die Kirchenpolitik des ludovizianischen Königtums in Bayern zurück und auf den Masterplan des bayerischen Gesamtstaat-Konstrukteurs Maximilian von Montgelas.

Zum Ersten: Luther selbst war bereits das Produkt eines langfristig angelegten Umbruches. Dieser Umbruch ging von Bayern aus, lange bevor die berühmten „Vorreformatoren" Johannes Hus (~1370–1415) und John Wyclif (~1330–1384) auf der Bildfläche erschienen. „Die ‚neue Zeit', das tritt den Historikern immer klarer vor Augen, brach nicht erst um 1500 an, sondern hatte lange Wurzeln im späteren Mittelalter", schreibt etwa der Luther-Biograph Heinz Schilling. Was nicht so bekannt ist: Diese Wurzeln sind in Bayern zu finden. Im Jahr 1320 baute sich von München aus eine seismische Bewegung auf, welche die Weltkirche erschüttern sollte.

Der ganz früh den Weltkreis mit starker Stimme zur Verteidigung des Evangeliums

Bereits 200 Jahre vor Luther fordert Kaiser Ludwig der Bayer die Weltkirche heraus.

vor der Kirche aufrief, hieß Kaiser Ludwig der Bayer. Sein Gegner, der damalige Papst Johannes XXII., ließ kein gutes Haar an dem Bayern und seinen Gelehrten:

> *„… haben diese Söhne des Teufels sich erdreistet zu lehren, dass der selige Apostel Petrus nicht mehr Autorität hatte, als die anderen Apostel hatten. Ferner, dass Christus der Kirche kein Haupt hinterließ, noch dass er jemanden zu seinem Stellvertreter machte. … sagen jene prahlerischen oder vielmehr lügnerischen Männer, dass alle Priester, ob es der Papst sei, ein Erzbischof oder ein beliebiger einfacher Priester, aufgrund der Anordnung Christi von gleicher Autorität oder Rechtsvollmacht ist.“*

Das erinnert an die harschen Worte, mit denen Leo X. zweihundert Jahre später gegen Luther anwetterte: „Erhebe Dich, Petrus …

Ein Wildschwein will Deinen Weinberg verwüsten ..."
Kaiser Ludwig der Bayer als Zielscheibe der Weltkirche. Ein ganz früher bayerischer Protestant. Während seiner ganzen Regentschaft stritt der Kaiser von München aus für ein säkular fundiertes Kaisertum. Als Münchner Schulkinder pilgerten wir in der Heimatkunde zum Alten Hof, jenem Ort, wo der historische Riese zu Hause war. Vor dem großen Rundbogen wacht sein bronzenes Reiterstandbild, aufgestellt erst in den 1960er Jahren von der Obersten Baubehörde in München. Ludwig der Bayer hatte sich mit den Brüdern des heiligen Franziskus verbündet und ihrem Kampf „um die evangelische Armut".

Umberto Eco hat diesem Münchner Kaiser in der Weltliteratur ein Denkmal gesetzt in seinem Roman *Der Name der Rose*. Wo der junge Mönch Adson von Melk vom fratizellischen Aufruhr des Gewissens erzählt und von

Kaiser Ludwig dem Bayern, der 1327 „gen Italien zog, die Würde des Heiligen Römischen Reichs wiederherzustellen“ – „gemäß den Plänen des Allerhöchsten“. „Zur Verwirrung des gottlosen, ketzerischen und simonistischen Usurpators“. Damit meint Adson Johannes XXII., der, nochmal der kleine Mönch, „in Avignon Schande über den heiligen Namen des Apostolischen Stuhls brachte“. Eco lässt seine Geschichte mit der Genugtuung des jungen Adson beginnen, dass Ludwig dem päpstlichen Widerstand zum Trotz die Kaiserkrone an die Isar gebracht hat. „Bavarus“ sollte nun der päpstliche Schimpfname für Ludwig werden und ihn als Provinzler abstempeln. Der Beiname wurde indes zum Ehrentitel.

Unser anti-papistischer „Bavarus“ war ein europäischer Star. Mailand lag ihm zu Füßen, die ghibellinisch gesinnten Schriftsteller scharten sich um ihn. Sogar der große Dante warf sich auf seine Seite. Berühmte Gelehrte von den angesehensten Universitäten der damaligen Welt suchten München und den Kaiser auf: Wilhelm von Ockham, genialer Theologe und Philosoph aus England, der Jurist Bonagratia von Bergamo, der Staatstheoretiker Marsilius von Padua... Von München aus gegen die in Avignon verbunkerte kirchliche Weltmacht – mit unerhörten, laut gerufenen Gedanken, ohne jede Scheu vor der Tiara-Amtsmacht. Von Bayern ging damals der Protestantismus in die Welt.

An der Bayerischen Akademie der Wissenschaften ist derzeit ein umfangreiches Forschungsprojekt angesiedelt, das sich mit einem anonymen Autor beschäftigt, der zu Lebzeiten Kaiser Ludwigs in der ersten Hälfte des 14. Jahrhunderts große Teile der Bibel für Laien übersetzt und kommentiert haben soll. Die Berechtigung zu diesem Unterfangen, den Anspruch der Laien auf die Bibel in Volkssprache, habe er vehement gegen Angriffe verteidigt. Aufgrund der Fundorte der meisten Handschriften wird der unbekannte Autor als „der österreichische Bibelübersetzer" bezeichnet. Aber er soll bis zur Diözese Passau gewirkt haben. Wie dies alles mit den gleichzeitigen Ereignissen am Alten Hof in München und dem Bavarus zusammenhing, weiß noch niemand. Aber es war Reformation pur. In Bayern. 200 Jahre vor dem Thesenanschlag vom Oktober 1517.

Frei sein, dem Land dienen, nur an Christus denken: Es gibt ein noch früheres bavaristisches Ereignis, das davon erzählt. Politische Emanzipation mit Hilfe des Evangeliums: Man findet das schon ganz zu Anfang Bayerns, an der Wiege seiner Staatlichkeit, bei den Agilolfingern. Als ersten feststehenden Tag unserer Geschichte führen die Autoren des Bandes *Bayern nach Jahr und Tag. 24 Tage aus der bayerischen Geschichte* den 9. November 777 an. Das ist der Tag der Weihe des Klosters

Kremsmünster, ins Werk gesetzt von Herzog Tassilo, der dieses Kloster gestiftet hatte. Der Mönchsbau zählt zu einer ganzen Reihe von Gründungen und Maßnahmen und war Teil von Tassilos großem Plan, in seinen Gebieten eine umfassend selbstbestimmte Kirchenherrschaft zu verwirklichen. Man könnte auch sagen: die erste bayerische Landeskirche zu gründen. Das innerdeutsche Ausland, vor allem ein gewisser Karl – später der Große – und das mit ihm verbündete Rom, spürten die Eigenmacht sofort. Tassilo setzte religionspolitisch etwas ins Werk, das „bayerische Herzogskirche" benannt wird und die gerade entstehende, karolingische Zentralmacht herausforderte, samt ihrer kirchlichen Absicherung in Rom. Tausend Jahre später bezeichnete Montgelas diese Maßnahme des Agilolfingers als ersten Schritt einer unabhängigen bayrischen Kirchenpolitik. Demonstrativ unabgestimmt mit dem werdenden Reich und mit Rom.

Die Ahnung einer Alternative! Tassilo berief eigenständig Synoden für Bayern ein, also Versammlungen wichtigster Geistlicher, um über Fragen von Lehre und Kirchenstruktur zu beraten und zu entscheiden. Wir wissen, dass sein Versuch, sich aus einem Zustand politischer Abhängigkeit mit Hilfe des Glaubens zu befreien, für Tassilo schlimm ausging. Die karolingischen Truppen marschierten in Bayern ein, Tassilo musste sein Zepter an Karl übergeben, es gab auch Verrat und Papst Hadrian I. gratulierte dem Mann aus Aachen „de subiectione Baiuariorum“ – zur Unterwerfung der Bayern. Sodann gab es einen Schein- und Schauprozess, man verbannte ihn ins Kloster. „Zuerst Herrscher, dann König, zuletzt Mönch“, lautete seine Grabinschrift. Die große Leitidee für sein Bayern, bezogen auf Deutschland und bezogen auf Rom, einen unveräußerlichen Kern von staatlicher Freiheit zu schaffen, hat mit ihm angefangen. Was erst recht nicht starb, ist die Erinnerung: Bis zum heutigen Tag feiern die Benediktinermönche von Kremsmünster an jedem 11. Dezember, seinem Todestag, eine festliche Seelenmesse zu Ehren unseres königsgleichen Herzogs. Eine Bitte an die evangelischen Oberen in Bayern: Können, sollen wir das nicht auch? Die Verbindung evangelischer Reform mit der Macht des Politischen hat doch mit ihm begonnen, dem ersten Protestanten im ältesten Staat Europas.

Zum zweiten Punkt, Martin Luthers Wirken in und von Bayern aus.

Im Oktober 1518 trafen im Augsburger Fuggerhaus am Weinmarkt der Augustinermönch und Kardinal Thomas de Vio, genannt Cajetan nach seiner Heimatstadt Gaeta, zu ihrem berühmten Disput aufeinander; und 1530 wurde hier das Weltdokument des Protestantismus vorgestellt, die Augsburgische Konfession als grundlegendes Bekenntnis der lutherischen Reichsstände zu ihrem Glauben. (Nebenbei wurde hier der politische Begriff Konfession geboren.) Luther wachte über die Ereignisse vom nördlichsten Bayern aus, von der Feste Coburg, um alles im Griff zu behalten. Weswegen übrigens die sehr interessante Bayerische Landesausstellung zum 500. Reformationsjubiläum in Coburg stattfindet. (Ja, ja, ich weiß, Coburg war damals noch nicht bayerisch, sondern sächsisch. Luther blieb gerade deshalb dort, weil er unter Reichsacht stand und es nicht riskieren durfte, das Territorium des damaligen sächsischen Kurfürstentums zu verlassen. Man muss aber auch sagen, dass Coburg die einzige unter allen Städten des heutigen Freistaates ist, die geschichtlich aus freien Stücken bayerisch wurde: nämlich durch eine Volksabstimmung 1920).

Einige der Orte, die für Luther und seine Sache Bedeutung hatten, verbindet neuerdings in Nordbayern der „Lutherweg“ – eine

Pilgerstrecke, die auf bayerischer Seite bisher Neustadt bei Coburg, Coburg und Bad Rodach umfasst. „Weitere bayerische Orte müssen noch dazu kommen", schreibt der Schirmherr Günther Beckstein. Tatsächlich gäbe es so viele Wege, auf denen man Luther und seiner Sache im Freistaat nachwandeln könnte. Beispielsweise kann unseren Martin heute jeder Besucher am Schicksalsort der bayrischen Könige sehen, in Hohenschwangau mit Blick auf Neuschwanstein. Im Schloss von Hohenschwangau finden wir ein spektakuläres Bildnis des Reformators, auf einem großen Wandgemälde. König Max II. hat ihn dort – sehr zum Ärger des damaligen römischen Nuntius – verewigen lassen. Das Bild zeigt die unbestätigte, seit Generationen weitergegebene Geschichte, dass Ritter Christoph von Langenmantel den Reformator 1518 zu dessen Schutz von Augsburg nach Hohenschwangau brachte. Nach einer anderen Darstellung ist

Nur eine Legende? Martin Luther flieht von Augsburg nach Hohenschwangau.

er auf dieser Flucht noch bis Hohenaschau im Chiemgau weitergereist, wo er sich im Schloss des Reichsgrafen von Freyberg aufgehalten haben soll.

Auch nach München könnte dieser Lutherweg führen. Es gibt zwar nur Vermutungen, ob sich Martin Luther selbst auch in München aufhielt – etwa auf einem Zwischenstopp in „seinem“ Augustinerkloster anlässlich seiner Romreise, in dessen Auftrag er ja unterwegs war. Das Kloster lag mitten in der Stadt, an der heutigen Fußgängerzone, dort wo nun das Jagdmuseum steht. Wir wissen, dass dieser Münchener Augustinerkonvent für Leben und Werk des Reformators von großer Bedeutung war. Der Münchner Kirchenhistoriker und Theologieprofessor Andreas Gößner hat in seinem Buch „Evangelisch in München“ diese Verbindung herausgearbeitet. Die wichtigste theologische Bezugsperson Martin Luthers (er selbst bezeichnet ihn als „lebenslangen Lehrer“), sein Ordensoberer und Mentor Johann von Staupitz, war vor seiner Berufung nach Wittenberg Münchener Prior des Augustinerklosters. Gerade im damaligen Reformationsjahrzehnt hielt er sich immer wieder im Münchner Kloster auf – so in den Jahren 1504, 1507, 1516, 1517, 1519 und 1522. Staupitz stand bis zu seinem Tod 1524 in ständigem geistlichen und persönlichen Austausch mit Luther, die Korrespondenz der beiden kann man schon intim nennen. Sie war von höchstem Respekt gekennzeichnet und vermittelt eine Ahnung davon, wie es auch anders hätte laufen können und immer noch laufen kann.

Luther im Jahr 1521, da er schon ein theologischer Weltstar war, an Staupitz:

> „*Was soll ein Mensch denken? Das Lärmen tobt gewaltig und scheint mir vor dem jüngsten Tag nicht gestillt werden zu können, so groß ist die Erregung auf beiden Seiten. …*
>
> *Lebe wohl, mein Vater, bete für das Wort Gottes und für mich; ich werde von diesen Fluten mitgerissen und umhergeworfen.*“

Staupitz, sowohl der alten Kirche als auch seinem weltberühmten Schüler und sich selbst treu geblieben, an Luther mit einem ganz bildhaftem Lob, aber auch der Warnung vor Übertreibung (1524):

„*Wir verdanken Dir viel, Martin; Du hast uns vom Futter für die Schweine am Trog auf die Weiden des Lebens zurückgeführt …*

Missbrauch kommt, leider, in so gut wie allen menschlichen Einrichtungen vor, und nur wenige richten alles nach dem Richtscheit des Glaubens aus: nichtsdestoweniger gibt es sie. Deshalb darf man nicht wegen des Übelstandes in einzelnen Fällen eine Sache im Wesen verwerfen …"

Eigentlich kennen wir aus dieser Hochzeit der Reformation zwischen Alt und Neu nur wechselseitiges Wüten, Speien und Würgen. Durch die Korrespondenz von Martin und Johann werden wir Zeugen einer wechselseitigen Bereitschaft, sich in die Einstellung des anderen einzufühlen. In unserem 21. Jahrhundert war diese Bereitschaft für die ganze Welt wieder hörbar und sichtbar, als der bayerische Papst im September 2011 beim Besuch des Augustinerklosters zu Erfurt unserem Reformator die Ehre gab. Benedikt dort über Luther: „Was ihn umtrieb, war die Frage nach Gott. Wie kriege ich einen gnädigen Gott? Diese Frage hat ihn ins Herz getroffen und stand hinter all seinem theologischen Suchen und Ringen. Dass diese Frage die bewegende Kraft seines ganzen Weges war, trifft mich immer wieder ins Herz."

Benedikt wollte in Erfurt den Glauben nicht zum Verhandlungsgegenstand machen, als wäre er eine Sache der Politik. Aber was der Papst tat, war viel mehr: der römische Pontifex veredelte den evangelischen Reformator zu einer auch katholischen Autorität für den richtigen Weg zum Glauben. So wurde sein Suchen und Ringen zu einer Lehre für die gemeinsame weltumfassende Kirche.

Vor 500 Jahren, als jene Briefe zwischen Salzburg – wo Staupitz zuletzt wirkte – und Wittenberg wechselten, als die Reformation in deutschen Landen an Breitenwirkung immer mehr zunahm, beriefen die herzoglichen Brüder Wilhelm IV. und Ludwig X. – denen noch ein langer Erbfolgekrieg mit ihrem Landshuter Vetter in den Knochen steckte, der gerade erst durch einen hochkomplizierten Schiedsspruch beendet worden war – die berühmte Grünwalder Konferenz ein (1522). Schon der Ort, eine Ritterburg im Isartal, war symbolisch gewählt (wie Wildbad Kreuth oder Kloster Banz in unseren Tagen). Es ging den Wittelsbacher Herzögen um einen gesichtswahrenden Ausweg aus dem Bekenntnis-Dilemma und sie fanden ihn in einer Marktlücke: Wo alles wankt, bleibt Bayern stehen – notfalls werden die Bayern die letzten Römer sein. Dem Religionsaufstand aus Wittenberg gegen die Macht des Papstes und des Klerus folgen wir nicht. So wurde – diese Anekdote muss sein – ein gewisser Arsacius Seehofer, wie unser bayerischer Ministerpräsident ein Ingolstädter, mutiger Verfechter reformatorischer Thesen, 1523 zum Widerruf gezwungen und zur Haft verurteilt. Aber das war nur die eine Seite der Medaille. Weil Reformen tatsächlich überfällig waren, beschlossen sie in der Grünwalder Burg andererseits, von Bayern aus eine eigene, eine bayerische Kirchenreform in die Wege zu leiten. Jetzt nahmen die bayerischen Herzöge die Sache in die Hand: Wir sind Papst. Die Herzöge entwarfen dafür eine Art Bayernplan, wozu die Forderungen an den Papst gehörten, ein Reformkonzil einzuberufen, die Ausbildung des niederen Klerus anzuheben, den Zölibat zu lockern und die Bibel übersetzen zu lassen. Und die Klöster Steuern zahlen zu lassen. Die römische Kirche musste, was Bayern anging, tun, was die Herzöge sagten. Das war Luther auf katholisch.

Wie die Herzöge von Bayern an dieses Ziel gelangten, hat der Altmeister der deutschen Historikerzunft Leopold von Ranke so auf den Punkt gebracht: „Was man anderwärts im Kampfe mit dem Papste zu erreichen suchte, das wußten sie sich im Einverständnis mit dem selben zu verschaffen."

Staatspolitisch brisant an der ganzen Sache für die Herzöge war freilich, dass die Ortenburger bei weitem nicht die einzigen waren, die der alten Religion den Rücken gekehrt hatten. Im Umfeld der Reformation war eine Vielzahl der großen Adelshäuser Altbayerns mit ihren riesigen Herrschaften – das waren teilautonome Gebiete, meist an den Rändern des alten Herzogtums gelegen – lutherisch geworden und dem Aufruf „an den christlichen Adel deutscher Nation" gefolgt.

Der bis heute bekannteste von ihnen war Pankraz von Freyberg (1508–1565), ein evangelischer Majestix im wittelsbach-oberbayerischen Großbezirk. Er regierte im Gebirge auf der Burg Hohenaschau, stellte dort allen, die lesen konnten, seine riesige Bibliothek zur Verfügung, ermunterte die Geistlichen, sich eine Frau zu nehmen und führte im Chiemgau das Abendmahl in beiderlei Gestalt ein. Schon sein Vater war ein Anhänger Martin Luthers gewesen, die Mutter sogar Anhängerin der verpönten Täufer. Pankraz hatte als Hofmarschall des Kurfürsten Albrecht V. maßgeblichen Einfluss auf die bayerische Landespolitik. Er gründete erfolgreiche Wirtschaftsunternehmen, darunter eine große Eisenhütte und die Schlossbrauerei, und kodifizierte im Jahre 1558 als Erster eine Alm-, Forst- und Weideordnung für das Wirtschaften auf dem Berg. Die von ihm entworfene Weideordnung im Sachranger Tal steht am Anfang der ökologischen Almwirtschaft und hat in Teilen bis heute Geltung. Beim „Almwirtschaftlichen Verein

Oberbayern", dem ich seit meiner Zeit als Umweltminister verbunden bin, kann man Näheres über Pankraz erfahren: Die Bauern, örtlichen Handwerker, Hirten und Müller richteten sich nach ihm; durch sein modernes Wirtschaften hatte er ihre Situation maßgeblich verbessert.

Pankraz von Freyberg wurde in seinen späten Jahren, als es in der Generation nach Luther mit der evangelischen Perestroika vorbei war, vom bayerischen Kanzler Leonhard von Eck vorgeworfen, sich an einer evangelischen „Adelsverschwörung" mit dem uns ja schon bekannten Ortenburger gegen Herzog Albrecht beteiligt zu haben, was allen Beteiligten als „Bruch des Religionsfriedens" ausgelegt wurde. Entlassen aus der Haft, hat sich Pankraz noch in seinem Testament ausdrücklich zum evangelischen Glauben bekannt. Bei seiner Beerdigung – so die allerletzte Verfügung des unbeugsamen Altbayern – sollte

„keine Zeremonie oder päpstlicher Gebrauch dafürgehalten werden“.

Zum evangelischen Bekenntnis waren im oberbayrischen Teil des Herzogtums auch die Herrn von Maxlrain-Hohenwaldeck gewechselt, denen das ganze Mangfalltal bis zum Schliersee gehörte. Ebenso die Reichsgrafen von Haag, die die Salzhandelsroute bis Wasserburg am Inn hielten. Sie waren an die römische Konfession des Landesherrn nicht gebunden. Die Berechtigung hierzu leiteten sie aus ihrer Stellung als unmittelbare Reichsstände ab, die nur Kaiser und Reich Gehorsam schuldeten, nicht aber ihrem Herzog. Das war als Herausforderung des Altadels gedacht, an die Adresse der nach Überwindung ihrer Familienstreitigkeiten neu etablierten Landesherren in München. Und wurde von denen auch so verstanden. Der Arbeitskreis „Stadtgeschichte München“ hat gemeinsam mit dem Historischen Seminar der Ludwig-Maximilians-Universität dies und noch viel mehr in einem großen Colloquium 2016 zusammengetragen.

Das ist leider alles vergessen: Bis zum Ende des 16. Jahrhunderts gab es in Ober- und Niederbayern alt- und neugläubige Simultankirchen und Mischformen im Gottesdienst, um „eine neue geistige und emotionale Landschaft zu finden". Im 21. Jahrhundert hat man diese Übung aus der Reformationszeit in der katholischen Wallfahrtskirche Aufkirchen aufgegriffen, ich bin dabei gewesen: bei dem als „ökumenisch" angekündigten Gottesdienst wurde die Kommunion auf eine Seite der Kirche für die Protestanten in beiderlei Gestalt ausgeteilt, durch einen anwesenden evangelischen Pfarrer. Am Hochaltar, nach katholischem Brauch durch den Priester. Ich bin für die Einhaltung der Regel. Aber schlecht war das nicht. Mit der Zerschlagung der lutherischen Fürstenopposition in der erwähnten Adelsverschwörung von 1564 stärkte Albrecht V. seine Position. Und daraus schufen er und seine Nachfolger eine stabile Machtbasis für die katholische Reform, die umfänglich einerseits mit Repression und andererseits mit eindrucksvollen kulturellen und spirituellen Reformen in Altbayern, speziell in München, eingeleitet wurde.

Das Münchner Herzogtum war nicht nur bei Rom geblieben, sondern profilierte sich mehr und mehr als die Schutzmacht der wiedererstarkenden katholischen Konfession im Reich und gründete die katholische „Liga". Diese Politik stieß schon in der eigenen Familie auf Widerstand: Die Pfälzer Wittelsbacher bekannten sich mittlerweile zum Calvinismus und schickten sich an, eine führende Rolle unter den Calvinisten im Reich und auch auf europäischer Ebene einzunehmen. Aus ihren Reihen ließ sich für die evangelische „Union" der hochambitionierte evangelische Kurfürst

Friedrich V. von der Pfalz von Protestanten zum König von Böhmen wählen – und scheiterte als „Winterkönig“ dramatisch. Was den Dreißigjährigen Krieg zwischen „Union“ und „Liga“ angeblich unausweichlich machte. Friedrich V. verlor schließlich alles, einschließlich seiner pfälzischen Stammlande und Kurfürstentitel.

Kurz vor seinem Tod (1632) verschaffte dem evangelischen Friedrich der Schwedenkönig Gustav Adolf – er wurde „Löwe aus dem Norden“ genannt – noch die Genugtuung, als einer von zwei evangelischen Wittelsbachern an seiner Seite siegreich in München einzuziehen, in der Residenz einige Tage Quartier zu nehmen und dort am Himmelfahrtstag, es war der 20. Mai, einen evangelischen Gottesdienst abzuhalten, was sein katholischer Vetter zuvor und seit längerem „gegenreformatorisch“ unterbunden hatte. Im Münchner Stadtarchiv kann man nachlesen, dass sie damals in der Residenz demonstrativ das lutherische Danklied *Nun freut Euch, liebe Christeng'mein* gesungen haben. Aber sie wollten gleichzeitig beten und Krieg führen. Für ihr Werte. Die Katholiken natürlich auch. Wir kennen das bis heute. Man kann nicht sagen, dass den Evangelischen in Oberbayern ihre Militäraktion mit der schwedischen Nordallianz Glück gebracht hätte. Der nächste evangelische Gottesdienst in München fand erst 167 Jahre später statt.

Mein katholischer Bundestagskollege Willi Wimmer und ich haben viel über diesen 30-jährigen Bruderkrieg um die Ehre Gottes gesprochen, den unsere Vorfahren so erbittert führten. Anlass dazu boten uns die Solidaritätsadressen der beiden Kirchen gegen die damals kurz bevorstehende US-Intervention, die wir im Jahre 2002 in Bagdad dem Patriarchen von Babylon in der Marienkirche der Chaldäer überbrachten. Dafür waren wir eigens durch die Flugverbotszone der Amerikaner in die belagerte Stadt gereist. Der eine Brief war von unserem evangelischen Landesbischof Friedrich, der andere von Josef Kardinal Ratzinger, der den Besuch vermittelt und uns unter den Schutz der vatikanischen Botschaft in Bagdad gestellt hatte. Beide richteten sich an die Christen in Bagdad. Die dritte Solidaritätsadresse, die wir überbrachten, kam vom ersten Vorsteher der amerikanischen Methodistengemeinde, der Kirche von George W. Bush. Die Verbindung zu den amerikanischen Methodisten hatte unser bayerischer Landesbischof hergestellt. Zurück in Deutschland, stellten Willi Wimmer und ich unsere Unionsfreunde vor die Alternative: Wollt Ihr Bush oder den Papst?

Nicht lange nach seinem Abzug aus München fiel der schwedische Löwe im Kampf und Maximilian eroberte Bayern für die Liga zurück. Die nächsten vier Generationen herrschte im Süden Bayerns eine Art „Apartheid“ zwischen den Konfessionen, wobei man nicht verschweigen sollte, dass es – Verrücktheit ist nie einseitig – den Katholiken in Nürnberg nicht besser erging als den Evangelischen in München, nur anders herum. Es sollte sie nicht mehr geben dürfen.

Das alles gehört zu jenem Kapitel der Menschheitsgeschichte, das die Überschrift trägt: „Was haben wir uns angetan?“ Im Mai 1945 äußerte der Ehrenmünchener Thomas Mann in seinem Vortrag *Deutschland und die Deutschen*, gehalten in der Library of Congress in Washington, über den Dreißigjährigen Krieg die Einsicht, dass dieser „… aus dem deutschen Blut wahrscheinlich etwas anderes und Schlechteres gemacht hat, als es im Mittelalter gewesen sein mag.“ Und erklärte alles Weitere auch daraus.

Zum Höhepunkt des Dreißigjährigen Krieges übrigens kam das wichtigste evangelische

Kunstwerk, das überhaupt geschaffen wurde, nach München: die „vier Apostel" von Albrecht Dürer. Durch nicht geringen politischen Druck hatte Maximilian I. erreicht, dass der streng protestantische Nürnberger Rat ihm 1627 die kostbaren Tafeln als Ausdruck seiner Verehrung für den Kurfürsten überließ. Auf dem Bild zeigt der Evangelist Johannes im roten Umhang eine offensichtliche Ähnlichkeit mit dem Reformator Philipp Melanchthon, der sich 1525/26 in Nürnberg bei Dürer aufgehalten hatte. Kurfürst Maximilian I. war trotz aller Bekenntniskontroversen ein leidenschaftlicher Bewunderer und Sammler der Werke von Albrecht Dürer geblieben – 1526 hatte der Künstler selbst die Tafeln mit Johannes, Petrus, Paulus und Markus seiner Vaterstadt Nürnberg geschenkt. Durch das Weiterschenken an den Kurfürsten wurde hundert Jahre später, auf dem Höhepunkt des Dreißigjährigen Krieges, die protestantische

Alternative für das christliche Bayern in der Residenzstadt aufgestellt.

In dem bereits erwähnten Band „Bayern und die Protestanten“ ist gut dokumentiert, wie sich gleichwohl bis weit ins 18. Jahrhundert und bis ins „Land im Gebirg“ „trotz aller Vertreibungen ein krypto-evangelischer Glaube erhalten konnte.“ Eine parallele Entwicklung fand in unserem Nachbarland Österreich statt. Der 300. Geburtstag der Kaiserin Maria Theresia (1717–1780) bot die gute Gelegenheit, an das Schicksal dieses alpenländischen „Geheimprotestantismus“ zu erinnern. Die Historikerin Barbara Stollberg-Rilinger hatte das Thema in ihrer großen Biographie der Habsburgerin nicht ausgeklammert. Die letzte große Zwangsdeportation, welche die Kaiserin anordnete, fand 1774 statt. Stollberg-Rilinger erinnert auch daran, dass Maria Theresias Mutter – Elisabeth Christine von Braunschweig-Wolfenbüttel – evangelisch war. „Mut, sich des eigenen Verstandes zu bedienen, besaß sie zur Genüge“ schreibt sie über die Habsburgerin. „Aber anderen bewilligte sie dieses Selbstvertrauen in die eigenen Geisteskräfte eben keineswegs zu.“

Kommen wir zur dritten These und dazu, wie erst die Reformation der schon lang angemahnten katholischen Reform endlich Schwung verlieh. Letztere beruft sich ja selbst auf die lutherische Initialzündung und gesteht, dass sie ohne den Augustinermönch so nicht geschehen wäre. Und das gilt nicht nur für unseren Würzburger Fürstbischof Julius, von dem oben schon die Rede war. Beim Nachdenken über die Gegenreformation sollte man sich nicht zu sehr vom Präfix „Gegen-“ einfangen lassen. Wir alle in Bayern sind heute Nutznießer der kulturellen Bereicherung, die wir dieser „zweiten Reformation“ verdanken.

„Katholische Reform“ ist für die Beschreibung vieler der folgenden Ereignisse geeigneter. Es war ein gewaltiger Strom kultureller Energie, der da freigesetzt wurde, ein kulturreligiöser Staatsschatz, der nun angesammelt wurde. Mir kam das wieder ins Bewusstsein, als ich in einer weiteren Phase meines politischen Lebens, nach dem Tod von FJS, als Staatssekretär für die Oberste Baubehörde die ins Stocken geratene Renovierung der Wieskirche wieder in Gang bringen sollte. Der Staat war rechtlicher Eigentümer der Wies und als solcher für die Renovierung dieses gebauten „bayerischen Himmels" verantwortlich. Mein Mentor bei der Sanierung dieses und anderer katholischer Sakralbauten – deren Bestand nun von der Staatsbauverwaltung zu schützen war (zum Beispiel die Klosterkirche „Vierzehnheiligen") – war Bayerns oberster Denkmalpfleger, der evangelische Michael Petzet. Dieser herausragende Protestant hatte als Kunsthistoriker bereits 1968 mit seiner weltweit beachteten Münchener Ausstellung

„König Ludwig II. und die Kunst“ eine Rehabilitation der lange verkannten Schöpfungen des weltberühmten bayerischen Märchenkönigs auch als Beitrag zur Weltkunst bewirkt.

Den Namen des gegenreformatorischen Chefideologen kannte ich schon aus meiner Schulzeit: Daheim in Großhadern hatte ich von unserem Garten aus immer den Turm der Canisius-Kirche im Blick. Jeden Tag, viele Jahre: Canisius-Kirche, Canisius-Schule, Canisius-Platz. Petrus Canisius, der 1543 dem vom Papst anerkannten Jesuitenorden beigetreten war, richtete 1559 die Ordensniederlassung der Jesuiten in München ein. Die Deutsche Provinz der Jesuiten, deren Sitz in München-Schwabing ist, hat zum Reformationsjubiläum einen sehr schönen Text herausgebracht: „Ignatius und Luther“ (2014/2) (auch frei im Internet zugänglich). Schließlich werden die beiden Männer gerne als Symbole von Reformation und von Gegenreformation genommen. Dort wird nicht nur an den Jesuit Peter Faber (1506–1546) erinnert, der im Dezember 2013 von Papst Franziskus heiliggesprochen wurde. Faber rät in seinen Anweisungen für den „Umgang mit Protestanten“, die er seinem Gefährten Diego Lainez im März 1546 sandte, ihnen mit Liebe zu begegnen, denn sie hätten „das gute Gespür, nicht aber den Glauben“ verloren. Im Text zeigen die deutschen Jesuiten von heute, was Luther und Loyola verbindet: „Predigt und ein persönlicher Glaube aus der Hinwendung zur Person Christi und zur Heiligen Schrift, die Reform des eigenen Lebens gegen ein unmoralisches Verhalten im Klerus, das große Vertrauen auf die Gnade statt einer einseitigen Betonung der guten Werke.“ Auf diese Gemeinsamkeiten und Unterschiede können wir heute ganz unbefangen verweisen, ebenso auf die Tatsache, dass ohne das lutherische Erdbeben der auf ihn in der Religionsgeschichte folgende Ignatius wohl kaum so wirkungsmächtig geworden wäre.

Auf den Zusammenhang Luther und Ignatius weist schon eine Stimme aus der Vergangenheit hin, die man nicht unbedingt zitieren will, weil sie zum Missverständnis einlädt. Ich spreche vom deutschnationalen Pathos-Historiker Heinrich von Treitschke und seinem Sermon *Luther und die deutsche Nation*:

„*Der ganze Gegensatz romanischer und germanischer Empfindung tritt uns vor Augen, wenn wir diese Seelenkämpfe Luthers vergleichen mit den inneren Anfechtungen, welche späterhin der Rittersmann der wiederhergestellten alten Kirche, Ignatius von Loyola zu überwinden hatte. Der Spanier entledigt sich seiner Pein durch den Entschluß, diese Wunden seiner Seele nie mehr zu berühren, der Deutsche beruhigt sich erst, sobald sein Gemüt überzeugt ist und alle Zweifel von der Gewißheit einer innerlich erlebten Wahrheit schwinden.*"

Das Wort vom „Rittersmann der wiederhergestellten alten Kirche" hat ja etwas. Das Ritterspiel zwischen Luther und Loyola änderte die Welt und hat aus unserem lieben Bayern, bei allem anderen, das auch da war an fürchterlichen Zerstörungen und Verletzungen, ein Königreich der Kunst, des Kultus und der Sinne gemacht. Ein früherer Lieblingsfilm von mir hieß „Die linke Hand Gottes" mit Humphrey Bogart. Meiner Meinung nach ergänzen sich beide also wie rechte und linke Hand. Nochmal: Ohne die Hammerschläge aus Wittenberg hätte es das wittelsbachisch-katholische Veredelungsbemühen im Herzogtum nie gegeben, bis hin zum Plan Wilhelms V., aus München ein „deutsches Rom" zu machen. Die Kultur-Aktivität der Gesellschaft Jesu war auch eine „demokratische“ Bildungsinitiative. Für alle. Als unmittelbare Antwort auf Luthers Schrift *Von des christlichen Standes Besserung.* Diese Kulturbewegung in Bayern zur Wiederveredelung der alten Kirche und ihrer neuen Leute hielt über 200 Jahre. Selbst die Einführung der allgemeinen Schulpflicht in Bayern im Jahr 1802 war (später) Teil dieser Welle. Das Verdienst, diese als Erste eingeführt zu haben, gebührt allerdings einer evangelischen Niederbayerin: der Gräfin Amalia Regina von Ortenburg, die hier den verpflichtenden Schulbesuch bereits hundert Jahre vor dem wittelsbachischen Kurfürstentum beschlossen und durchgesetzt hatte (1703).

Mir wurde dieser kausale Zusammenhang von „Luthersache“ und „katholischer Reform“ wieder vor Augen geführt, als mich zum Reformationsjahr das Münchner Literaturhaus um die Vorstellung einer neuen Lutherbiographie bat: „Luther: ein deutscher

Rebell“, aus der Feder des Münchner Journalisten Willi Winkler. Ein linker Katholik aus Altötting – was es nicht alles gibt! Winklers Fazit, weil Luther die „vollkommen verweltlichte Kirche zur Reform gezwungen und ihre Lebensdauer bis heute verlängert hat“: „Wenn nicht die himmlische, so verlangte doch die irdische Gerechtigkeit dieses kleine *sacrificium intellectus*. Papst Franziskus sollte Luther den schuldigen Dank abstatten und ihn am 31. Oktober 2017 zur Ehre der Altäre erheben.“ Weil es die katholische Reform ohne die evangelische Reformation nicht gegeben hätte. Was soll man dagegen sagen?

Die vierte These betrifft die staatskulturelle Bedeutung des Evangelischen in Bayern und wie es dazu kam. Die Evangelisch-Lutherische Kirche in Bayern (ELKB) ist heute eine der verwaltungsstärksten und reichsten Stützen des lutherischen Weltbundes. Geschützt durch eine öffentlich-rechtliche Struktur und fast staatsgleich organisiert mit dem Recht, Steuern zu erheben. Ohne oder gegen sie kann man in Bayern nicht wirklich regieren. Neuerdings sind die Kirchen um finanzielle Transparenz bemüht und weisen Bilanzen aus. Aus ihrem ersten Bericht von 2014 geht hervor, dass die Evangelische Kirche in Bayern summa summarum über 3,1 Milliarden Euro verfügt. Von den gut 5 Milliarden Euro, die die gesamte Evangelische Kirche Deutschlands (EKD) 2014 aus Kirchensteuern einnahm, kamen 675 Millionen aus Bayern. Das ist umso beachtlicher, als von den knapp 22 Millionen Mitgliedern der EKD – Stand 2016 – Bayern nur 2,4 Millionen stellte...

Diese starke Struktur verdankt die ELKB den bayerischen Königen. Dass es so kam, war das Ergebnis einer konfessionellen und örtlichen Familienzusammenführung der Wittelsbacher, ihrer Verfassungspolitik, mehrerer höchst attraktiver, wohlverlaufener und erfüllter katholisch-evangelischer Mischehen im Königshaus und eines unbedingten Willens der regierenden Monarchen zur Ästhetik und zur Wissenschaft, den sie über die Politik stellten, was es so nur in Bayern gab. Dazu kam ein neuer, „evangelisch" vermengter Kulturtransfer nach München, wie man ihn zuvor nur im 16. Jahrhundert zu Beginn der katholischen Reform auf römischer Seite gesehen hatte.

Der Reihe nach. 1724 wurde die Wittelsbacher Hausunion vereinbart. Die beschied eine wechselseitige Sukzession der altbayerischen und der linksrheinisch-bayerischen (pfälzischen) Linie – immer mit München als Hauptstadt. So kam es, dass die über Generationen stramm protestantischen Kurpfälzer nach München übersiedelten. Die altbayerische Linie starb im 18. Jahrhundert aus und vom Rhein an die Isar kam Max IV. Joseph, der dann 1806 unter dem Namen Max I. erster König von Bayern wurde. Sein Vater Friedrich Michael war noch evangelisch getauft und erzogen worden, später dann aber aus vermutlich verschiedenen Gründen – Ehe mit einer Katholikin, Machtkalkül, innerer Einsicht – zum katholischen Bekenntnis übergetreten. (Nur für evangelische Leser: Wir empfinden darüber natürlich Schmerz. Aber ein blutleer-calvinistisches Oberbayern wäre aus heutiger Sicht auch nicht wirklich erstrebenswert gewesen.)

Zwar hatte es in der Residenzstadt nach dem kurzen Intermezzo der evangelischen Wittelsbacher im Gefolge der Schweden immer wieder Evangelische gegeben, doch nur in Spurenelementen. Meist Menschen, die nur vorübergehend in der Stadt weilten: Gesandte, Händler, Schauspieler etc. Es gab zwei Bereiche, wo die sogenannten Acatholici auch im 17. Jahrhundert – selbst unter dem strengkatholischen bayerischen Kurfürsten Maximilian I. – nicht nur hingenommen, sondern erwünscht waren: Zum einen bei Hof, wo sie als Handwerker, Händler und Künstler arbeiteten und mit ihren Fähigkeiten und Kontakten unter anderem für die steigenden Repräsentationsaufgaben gebraucht wurden. Sie standen, das wurde ausdrücklich vermerkt, auch an den vielen katholischen Feiertagen als Arbeitskräfte zur Verfügung. Einmal im Jahr durften sie zum Empfang des Abendmahls nach Augsburg fahren. Immer präsent waren die Protestanten zum anderen im bayerischen Heer.

Einer der erfolgreichsten bayerischen Militärs – davon gab es im 18. Jahrhundert in Bayern nicht wirklich viele – war der evangelische Graf Rumford, der aus einer Familienumgebung neuenglischer Reverends stammte. Von der britischen Kolonie Massachusetts ist er über den großen Teich nach München gekommen Bei seiner Ankunft an der Isar hieß er noch Benjamin Thompson, Sohn eines Farmers, der in Neuengland sein erstes Geld mit „Holzspalten und Strumpfstricken“ verdient hatte. Bayern fand in diesem „protestantischen Yankee“ einen Ausnahmepolitiker, dem die Harmonisierung gesellschaftlicher Konflikte, die Entdeckung der oberbayerischen Landschaft und höchst erfolgreiche Projekte des „social engineering“ gelangen.

Der pfälzische Kurfürst Karl Theodor, der seit 1777 auch in Bayern regierte, hatte in dem Amerikaner nicht nur einen engen Berater, sondern auch einen kongenialen Partner, der seinem aufklärerischen, liberalen und kunstfreundlichen Geist entsprach. Zehn Jahre lang, von 1789 bis 1799, bildeten die beiden Männer ein durchsetzungsfähiges „Dream-Team“.

Den beiden verdanken wir in München den Englischen Garten, die Kartoffel auf dem Speiseplan, Suppenküchen für die Armen, Thermo-Unterwäsche für Soldaten, eine Staatsgemäldesammlung, die Entfestigung der Stadt, hellere Lampen, bessere Herde und wärmere Öfen. In der Bevölkerung, insbesondere den Unterschichten, war Rumford wegen seines (sozialen) Engagements beliebt: Als es zu einer regelrechten „Prozession“ zu seinem an den heutigen Fünf Höfen gelegenen Haus kam, da er krank war, hätten die armen Leute vor seinem Haus für sein Wohl gebetet. Aufgeregt schreibt er in seinen eigenen Aufzeichnungen: „Für einen Privat-Mann! einen Fremden! einen Protestanten!“

Eine der wichtigsten Initiativen Rumfords zielte auf eine umfassende Heeresreform. Das Interesse der Soldaten sollte mit dem der Zivilbevölkerung in Einklang gebracht und die Militärmacht auch in Friedenszeiten dem Wohl des Volkes dienstbar gemacht werden. Während in Preußen eine Militarisierung der Gesellschaft gezielt vorangetrieben wurde, zielte die bayerische Heeresreform nach Rumford auf eine Zivilisierung des Militärs.

Die Dekrete zur Schaffung dieser Militär- und Volksgärten ergingen im Juni und Juli 1789. Wenige Tage danach, am 14. Juli 1789, wurde in Paris die Bastille gestürmt. Die aufklärerische und liberale Politik des Kurfürsten und seines amerikanisch-protestantischen Beraters bekam damit eine völlig neue, fast revolutionäre Dimension.

Für Aufenthalt und Wirken des Grafen Rumford, also eines Protestanten, in der Residenzstadt hatte übrigens keine Ausnahme gemacht werden müssen: Der bayerische Zivilkodex von 1756 (*codex juris civilis*) des berühmten bayerischen Gesetzgebers Wiguläus Xaver von Kreittmayr im Artikel „von dem Religionsrecht“ hatte bereits festgelegt, dass Protestanten nicht als „Ketzer“ registriert werden dürften („*in sensu juridico ac politico* kann diese Benennung nimmer mehr angehen“). Darüber hinaus sollte nach dieser Vorschrift Jugendlichen gestattet sein, selbstständig und gegebenenfalls auch gegen den Willen der Eltern zwischen den drei reichsrechtlich anerkannten Bekenntnissen der Katholiken, Lutheraner oder Calvinisten zu wählen. Entgegen der katholischen Eherechtslehre sollte zivilrechtlich ferner ein „*pactum*" zwischen Brautleuten gültig sein, in dem der katholische Mann mit seiner protestantischen Verlobten die Erziehung künftiger gemeinsamer Kinder im protestantischen Glauben vereinbart hatte. Die Bestimmung trat auch rigoros für das Recht der Protestanten ein, zu den Handwerkszünften zugelassen, in katholische Spitäler und Armenhäuser aufgenommen sowie in der geweihten Erde katholischer Friedhöfe „auf geziemende und ehrliche Weise" begraben zu werden (Anmerkung CivCod. V 20 § 7 lit. e, f).

Nach Karl Theodor kam unser Pfälzer Max von Mannheim nach München und mit ihm seine Gemahlin Caroline, die Bayerns erste

Königin werden sollte. Die war evangelisch. Nach ihrer Ankunft 1799 wurde – 167 Jahre nach dem Auszug der evangelischen Wittelsbacher mit Gustav Adolf – in München wieder nach dem Augsburgischen Bekenntnis Gottesdienst gefeiert. In der Predigt des neuen evangelischen Hofpfarrers hieß es, die Schwalbe habe wieder ein Nest gefunden. Graf Rumfords Rezepte für ein besseres Bayern wurden nahtlos durch seinen Nachfolger Friedrich Ludwig von Sckell fortgesetzt, der als bedeutendster Landschaftsgärtner von Deutschland gilt. Von Sckell konzipierte den Englischen Garten völlig neu und übernahm als Mitglied der Baukommission eine gewichtige Rolle in der Stadtplanung Münchens dieser Jahre. Der Protestant wurde auf dem Alten Südfriedhof in München bestattet, an dessen Modernisierung er mitgearbeitet hatte und der seit 1818 auch Protestanten offenstand. Als einer der ersten Hofbeamten war er zuvor von König

Max I. Josef mit dem Bruststern und dem Ordensband des neugestifteten Verdienstordens der Bayerischen Krone ausgezeichnet worden.

Die Zahl der Protestanten wuchs. 1801 schätzte sie der neue Pfarrer, der Pfälzer Ludwig Friedrich Schmidt, schon auf 600 Personen, ohne die evangelischen bayerischen Militärs, die er mit 400 Mann angab. Jedermann durfte nun die evangelischen Gottesdienste besuchen. Übrigens auch interessierte katholische Geistliche, die sehr beruhigt waren, als sie sahen, dass es im evangelischen Kirchenraum ein Kreuz gab. In seinen *Lebenserinnerungen* schreibt Pfarrer Schmidt über seine Königin, sie war „eine gute Protestantin, doch von einer schwachen Hinneigung zum Katholizismus, dessen äußere Kultur die phantasie- und gemütvolle Fürstin in gewissen Situationen besonders ansprechen mochte". Caroline: „Ich finde es so schön, daß die katholische Kirche zu jeder Stunde offen steht, daß man, so oft man das Bedürfnis fühlt, in ihrer heiligen Stille sein Herz vor Gott ausschütten kann.“

Caroline blieb nicht untätig, große Beliebtheit erlangte sie wegen ihrer Mildtätigkeit dem Volk gegenüber. „Steht Dir die Noth bis obenhin, so gehst du hin zur Carolin“, hieß es bei den einfachen Leuten. Sie bedachte alle Hilfesuchenden, unabhängig von der Konfessionszugehörigkeit. Dennoch wurde das Evangelische bisweilen als dominant empfunden.

In Bayern hub die Politik der großen Änderung an. Der Reichsdeputationshauptschluss wies Kurbayern weitere Gebiete mit geschlossener protestantischer Bevölkerung zu (1802). Bis 1816 war schließlich jeder vierte bayerische Staatsbürger evangelisch. 1803 schon ließ Max, damals noch als Kurfürst, ein bayerisches Religionsedikt verkünden, das allen Untertanen Gewissensfreiheit, freie Religionsausübung und gleichen Zugang zu allen Staatsämtern gewährte. Zur 300-Jahr-Feier der Reformation 1817 erließ er – jetzt als König Max I. – ein weiteres „Edikt über die inneren Angelegenheiten der Prot. Gesamtgemeinde in den Königreiche“, das deren Struktur und Kompetenz in das Verfassungsrecht anhob. 1824 wurde dann die Bezeichnung „Gesamtgemeinde“ ersetzt durch „Protestantische Kirche“. Seitdem gibt es staatsoffiziell mehrere christliche Kirchen in Bayern. Inwieweit diese rechtliche Etablierung als weitere und gesondert verfasste „Kirche“ mit dem feierlichen Glaubensbekenntnis im Gottesdienst übereinstimmt, an „die“ eine christliche Kirche zu glauben, ist bis heute nicht wirklich geklärt. Im Augsburger Bekenntnis heißt es ganz klar in Art. 7 – „Von der Kirche“:

„Es wird auch gelehrt, daß alle Zeit eine heilige, christliche Kirche sein und bleiben muß, die die Versammlung aller Gläubigen ist, bei denen das Evangelium rein gepre-

digt und die heiligen Sakramente laut dem Evangelium gereicht werden." Zur Einheit der Kirche soll aber nicht nötig sein, „daß überall die gleichen, von den Menschen eingesetzten Zeremonien einbehalten werden."

Ziel war es, die Kirchen „einzustaatlichen". Montgelas fügte, was die Lutheraner angeht, etwa 90 evangelische Kirchenwesen zu einer Landeskirche zusammen und verlieh dieser „Körperschaftscharakter". Ihr oberster Kirchenherr wurde der katholische König. Es gab damals bei freigeistig widerspenstigen Protestanten heftigen Streit. Wegen eines neuen, staatseinheitlichen Gesangbuchs, wegen „unevangelisch-unfreier" Vereinheitlichung der Gottesdienste.

Zuvor war der katholischen Kirche in Bayern ein fürchterlicher Schlag versetzt worden. Nicht von den Evangelischen, sondern aus dem Zentrum der politischen Macht in München heraus. Die Säkularisation. Wir kennen alle das Hohelied der Aufklärung, den Triumph aufgeklärter Staatlichkeit. Das war es in der Theorie. Ganz praktisch handelte es sich indes um einen barbarischen Akt kulturrevolutionärer Zerstörung von oben. Die Mächtigen in Staatsbayern riefen eine „Klosterkommission“ (1802) ins Leben, was sich ganz harmlos anhörte. Faktisch jedoch hatte diese Kommission das Ziel, die Franziskaner, die Kapuziner, die Dominikaner in Bayern zu ruinieren, wie es kein Acatholicus schlimmer hätte bewerkstelligen können. Das reichsunmittelbare Hochstift Augsburg wurde vernichtet, Bamberg und Freising ebenso. Von 400 Klöstern in Bayern wurden 127 bis auf die Grundmauern abgerissen. Kulturschätze wurden geraubt. Bibliotheken geplündert. Tonnenweise wurden jahrhundertealte Bücher auf den Jahrmärkten verschleudert, zerrissen, teilweise auch verbrannt. Der wichtigste Münchener

Papierfabrikant von damals, Andreas Kaul, rühmte sich, mindestens 94 Tonnen Bücher aus Klöstern eingestampft zu haben.

Ein schlimmes Beispiel zeigt das Schicksal der 90.000 Werke umfassenden Bibliothek des Klosters von Polling – (Polling bei Weilheim wird im 20. Jahrhundert zum wichtigsten Schauplatz in Thomas Manns deutschem Schicksalsroman *Doktor Faustus*; Thomas Manns Mutter Julia wohnte in Polling.) Weniger als ein Drittel des gesamten Bibliothekbestands entkam der Makulatur. 20.000 Exemplare durften der Bayerischen Staatsbibliothek in München beziehungsweise der Universitätsbibliothek in Ingolstadt zugeführt werden. Alle anderen Werke – über 60.000 Bände – sind eingestampft, verramscht, verkommen. Man erzählt sich, dass die zuständigen Staatskommissäre den schlammigen Weg nach Weilheim zum Wirtshaus mit Büchern trockenlegen ließen.

Alle geistlichen Reichsstände wurden aufgehoben, 10.000 Quadratkilometer kirchliches Land kamen „säkularisiert“ in die Hände der politischen Klasse, verstaatlicht oder „privatisiert“. Es gab später eine kleine Entschädigung, ein nicht eingehaltenes Konkordat mit dem Vatikan. Mit dem Fremdheitsblick des evangelischen Bayern hat man das Gefühl, dass alles, was dann in der katholischen Kirche im 19. Jahrhundert geschah, auch die kontroverstheologischen Verkrampfungen und das fast schon protestantische Anlehnungsbedürfnis an die Staatsmacht, aus dieser staatlichen Schandtat zu erklären ist. So war es der Kirche zuletzt bei den Jakobinern ergangen, in Frankreich, kaum mehr als zehn Jahre vor diesen Ereignissen.

Nochmal: Für diesen Schmerz war kein Evangelischer verantwortlich, sondern unser großartiger Maximilian Joseph Graf von Montgelas, geboren in München, erzogen im fürstbischöflichen Freising, Jesuitenschüler in Frankreich. Von seinem Biographen Eberhard Weis wissen wir, dass er schon in seiner Jugend von manchen als „Mann ohne Religion“ angesehen wurde. Selbst in seinen späten Selbstzeugnissen, aus Gründen der Rechtfertigung verfasst, kommt – so Eberhard Weis – „die aufklärerische Verständnislosigkeit für Kunst und religiöse Tradition zum Ausdruck“.

„Die Kreuze, die Kapellen, die Oratorien entlang der großen Straßen und verteilt auf dem Lande verschwanden fast überall auf Anordnung der lokalen Behörden. Die Kirchen, die zu nahe an den Pfarrkirchen lagen und die es in großer Zahl gab, erfuhren das gleiche Schicksal und mussten zerstört werden als nutzlos und überflüssig, ihr Material wurde zum Bau von Schulhäusern verwendet.“

Ausgerechnet auf ihn blicke ich jeden Tag: Gegenüber von meinem Fenster zum Münchner Promenadeplatz steht seit 2005 eine Statue des großen Staatsmannes – sechs Meter in der Höhe misst er. In seiner kalten Aluminiumhaut erinnert das Monument ein wenig an den steinernen Gast bei *Don Giovanni* und sein hochdramatisches „Die Zeit ist abgelaufen" (*„tempo più non v'è!"*). Montgelas bleibt einer der ganz Großen in der politischen Geschichte Bayerns und, das zu seiner Rechtfertigung: Man kann bekanntlich nicht in Unschuld regieren. Aber wie er die Säkularisation ablaufen ließ, da hat – Luther würde sagen – des Teufels Sau mitgegraben.

Der Sturz von Montgelas geschah noch unter der Verantwortung von König Max I., die Initiative dazu hatte freilich sein Sohn Ludwig ergriffen, der unter den bayerischen Monarchen als späterer König Ludwig I. eine Sonderstellung einnehmen sollte. Ludwig I. ging es um die Wiederherstellung des Katholizismus in Bayern und die Wiederbelebung bzw. Neuerrichtung seiner klösterlichen Traditionen. Heute muss man sagen: Gott sei Dank. Sonst hätte Bayern seine Seele verloren. Und unser evangelischer Positionsgewinn wäre nichts wert gewesen. Der Kunstherrschaft König Ludwigs I. hat wie kein anderer in Bayern und München Leo von Klenze (1784–1864) Gestalt gegeben. Über die religiöse Herkunft dieses herausragenden Schöpfers staatsbayerischer Baukunst schreibt sein Biograph Adrian von Buttlar:

> *„Die protestantische Familie Klenze war vor dem Dreißigjährigen Krieg nach Mecklenburg eingewandert. Klenzes Urgroßvater Christoph Heinrich zog ins Hildesheimische. Der Großvater Karl Gustav war als Amtmann in den Gemeinden Steuerwald und Liebenburg tätig. Er hatte 1756*

Dorothee Magdalene geheiratet, die unter jesuitischem Einfluß konvertierte. Klenzes Vater Gotthelf Friedrich (1757–1813) wurde somit katholisch erzogen.“

Das schönste Beispiel dieser ludovizianisch-katholischen Reform ist die Neugründung von Sankt Bonifaz zwischen dem Königs- und dem Odeonsplatz in München, wo ein Benediktinerkloster programmatisch den Künsten und der Wissenschaft zugeordnet wurde und in der Stadtplanung einen Bereich der Ruhe und des Zu-sich-Kommens verwirklichte. Die durch Ludwig wiederbelebten Klöster waren dank ihrer neuen Konzepte – etwa dem Don Boscos oder der Armen Schulschwestern Maria Gerhardingers – in den Bereichen von Schule und Caritas zu unabdingbaren Institutionen geworden. Wie Ludwig das alles tat, war – wenn man das Wort ernstnimmt – gut evangelisch. Er – und nicht der Klerus – definierte das Ziel: ein leistungsfähiges Fürsorge- und Bildungswesen mit Hilfe reformierter Orden und Kongregationen ins Leben zu rufen. Dabei lehnte er jede Mitsprache des Heiligen Stuhls ab. Ludwig war aber auch der bayerische König, der Martin Luthers Büste für die Walhalla in Auftrag gegeben hat. Dort wurde sie nach langem Hin und Her mit dem Vatikan 1848 aufgestellt. Und was die Protestanten angeht: Ludwig sah Bayern für das Zukunftsprojekt einer gesamtdeutschen Kulturnation als Alternative zu dem preußisch-okkupierten Hohenzollern-Protestantismus. München als Isar-Athen. Zur Kultur und zum Kultus dieser Alternative gehörte ein südlich veredelter, ungebrochener Katholizismus als Gegengewicht. Aber lebenslang bewunderte König Ludwig I. als ästhetisches Vorbild den im protestantisch-aufgeklärten Weltgeist wirkenden Johann Wolfgang von Goethe und suchte seine Nähe. Den evangelischen Professor Thiersch machte er zum Präsidenten der Bayerischen Akademie der Wissenschaften. Ludwigs bester Freund und lebenslanger Berater war der evangelisch-bayerische Freiherr Heinrich von der Tann.

Vor allem: Ludwig I. hatte wie sein Vater Max I. eine evangelische Frau. Therese von Sachsen-Hildburghausen. Diese unsere zweite evangelische Königin von Bayern ist im weiß-blauen Leben bis heute hochpräsent. Zum einen durch ihre Hochzeitsfeier, genauer: das Pferderennen zu Ehren des Brautpaares auf der nach ihr benannten Münchener Theresienwiese am 17. Oktober 1810. Das war das erste Oktoberfest! Auftakt einer wunderbaren, bis heute nicht abreißenden Volksfesttradition, die zum Weltruhm Bayerns beigetragen hat und immer noch beiträgt. Einerseits als Magnet: Mehr als 5,5 Mio. Besucher kamen 2016 auf die „Wiesn“, andererseits als Exportschlager: bis nach China findet dieses Weltfest aus Anlass einer bayerisch-christlichen Mischehe heute seine Nachahmer.

Zum anderen: Therese – überlebensgroß. Unzählige Menschen, die fern und nah in München die Bavaria als weltliche Patronin Bayerns in den Blick bekommen und hunderttausende Oktoberfestbesucher, die ihr jährlich zuprosten, sehen in diesem Wahrzeichen Bayerns die Gesichtszüge der evangelischen Königin. Entworfen wurde die Statue vom großen Münchener Künstler Ludwig Schwanthaler, in Bronze gegossen haben sie die Werkstätten von Ferdinand von Miller. 40 Jahre nach der Hochzeit, im Jahre 1850, wurde die knapp 20 Meter hohe Bavaria von Therese und Ludwig enthüllt. Das damals größte Standbild Europas.

Das Gesicht der Bavaria: Auffallend ist die Ähnlichkeit mit Königin Therese (vgl. S. 129).

Auch der nächste König, Ludwigs Sohn Maximilian II., wählte wieder eine evangelische Frau, die spätere Königin Marie von Bayern. König Ludwig richtete diese Hochzeit seines Sohnes in – heute würde man sagen –

ökumenischem Geist aus. Ein besonderes Gepräge erhielten die zahlreichen Festlichkeiten zur Kronprinzenhochzeit durch den Festzug der 35 Brautpaare aus den acht Kreisen Bayerns am 16. Oktober. Die Brautpaare waren in ihre heimische Tracht gekleidet und wurden von den in ihrer Heimat bei einer Hochzeit üblichen Personen, wie Hochzeitslader, Kranzljungfern etc. begleitet. Über 400 Personen kamen zusammen. Die Ziviltrauung fand für alle Paare im Rathaus, die kirchliche Trauung für die katholischen Paare in der Michaelskirche, für die protestantischen in der Matthäuskirche statt. Anschließend zog der Zug aus evangelischen und katholischen Brautpaaren zum Oktoberfest auf die Theresienwiese, vorbei am Königszelt. Man kann Königin Marie als engagierte bayerische Sozialpolitikerin bezeichnen. Von ihrer Schwiegermutter Therese hatte sie das Protektorat des Dr. Hauner'schen Kinderhospitals übernommen und

Die drei evangelischen Königinnen Bayerns:
Caroline (oben), Therese (links) und Marie (rechts)

dem Verein Räume in der Münchener Residenz zur Verfügung gestellt. Die benötigten Medikamente hatte sie kostenlos über die Hof-Apotheke besorgt. Königin Marie war wesentlich am Aufbau der Inneren Mission in München beteiligt und an der Gründung des evangelischen Handwerkervereins. Tatkräftig kooperierte sie mit dem Begründer der Neuen Dettelsauer Anstalten, Pfarrer Wilhelm Löhe. Mit dem von ihr ins Leben gerufenen „Frauenverein“ gilt sie als die eigentliche Gründerin des Roten Kreuzes in Bayern.

Ihr Erstgeborener war der später weltberühmte Märchenkönig Ludwig II., dessen erstes Regierungshandeln als 18-Jähriger sein sollte, die Rechte von *Tristan und Isolde* für Bayern zu erwerben, die Uraufführung in München durchzusetzen und Richard Wagner eben dorthin zu holen. Der Kulturprotestant Wagner hatte den unbedingten Willen, „wie einst

Luther“ im deutschen Theater eine Reform an Haupt und Gliedern durchzusetzen. Davor war Ludwigs Vater, König Max II., um den konfessionellen Ausgleich ganz besonders bemüht und ernannte einen Evangelischen zum Regierungschef, den ersten Funktionsträger eines solchen Amtes überhaupt: Ludwig von der Pfordten. Der päpstliche Nuntius meldete verzweifelt nach Rom, durch die Ernennung von Max II. zum bayerischen König sei nun ein lauer, von Protestanten abhängiger Katholik Staatsoberhaupt von Bayern geworden. Später sollte von der Pfordten, der den damals unter Beobachtung stehenden und mit dem Anarchisten Bakunin verbundenen Wagner aus seiner Zeit im sächsischen Staatsdienst in Dresden kannte, diesen als gefährlichen Unruhestifter aus München wieder verbannen. In Bayern lief dagegen alles auf eine Stärkung der amtsevangelischen Seite hinaus, was bedeutete, die sogenannte lutherische Orthodoxie zu fördern. Deren wichtigster Mann hieß Adolf Harleß, den sie 1852 zum Leiter des Oberkonsistoriums machten und der ein Vierteljahrhundert lang die Evangelische Landeskirche in Bayern mit patriarchischer Autorität prägen sollte: Nun brach die Zeit der Verordnungen, der Zucht und des lutherischen Ernsts an und die Jahre der vielen evangelischen Verschiedenheiten im Gemeindesleben hatten ein Ende. Die Kirchenleitung sorgte für eine systematische Normierung und Ausrichtung in allen Bereichen: Seelsorge, Amtsführung, Stellenbesetzung und Lebensführung.

Am Ende waren aber die bayerischen Protestanten ebenso wie die Katholiken in Bismarckianer und Bismarckgegner gespalten. Die Kulturstaatlichkeitspolitik Bayerns wurde seit Mitte des 19. Jahrhunderts zunehmend gestört durch die Rivalitäten zwischen Preußen und Österreich innerhalb des Deutschen Bundes. Im Schicksalsjahr 1866 führte un-

Nein zu Preußen: Ludwig von der Pfordten wird bayerischer Ministerpräsident

ser evangelischer Ministerpräsident von der Pfordten Bayern in den Krieg gegen Preußen. Das ging bekanntermaßen nicht gut aus. Ebenso wenig wie die innerkatholische Kontroverse im Vorfeld des Konzils von 1870 über die Unfehlbarkeit des Papstes. Beide Auseinandersetzungen hatten einen rationalen Kern, waren aber im Ergebnis für Bayern katastrophal. Hätten die Konfessions- und Sozialpolitiker zusammengefunden, wie sie es erst 80 Jahre später ab dem Sommer 1945 dann doch taten, wäre alles ganz anders gelaufen. Jedenfalls verbot die „national-fortschrittlich" bzw. „national-liberal" gesonnene bayerische Staatsregierung unter dem katholischen, aber besonders reichs- und damit bismarckfreundlichen Ministerpräsidenten Lutz gegen den Protest des mehrheitlich konservativen, aber machtlosen und in sich zerstrittenen bayerischen Landtages den bayerischen Bistümern, die Konzils-Konstitution *De Ecclesia Christi* auch nur zu publizieren – was den Graben nochmals vertiefte.

Im zwischenzeitlich gebildeten Bundesrat des neuen deutschen Reichs setzte Lutz in Absprache mit dem Reichskanzler Bismarck eine Ergänzung des Strafgesetzes durch – den sogenannten „Kanzelparagraphen". Bei der nach Lutz benannten *Lex Lutziana* handelte sich um ein Gesetz gegen die „politische Agitation der katholischen Kirche“, wonach zuwiderhandelnde Geistliche mit Gefängnis oder Festungshaft von bis zu zwei Jahren bestraft werden konnten. Darüber hinaus setzte ausgerechnet die bayerische Regierung reichsweit ein „Jesuiten-Gesetz“ durch, das den Jesuiten, Redemptoristen und drei weiteren Kongregationen die Existenz im neu geschaffenen „Deutschen Reich“ verbot. Das war, wie gesagt, der Beitrag eines katholischen Ministerpräsidenten, der sich bei alledem ausdrücklich auf das „antivatikanische“ Vermächtnis von Montgelas berief.

Das Dilemma, das anschließend über Bayern kam, führt mir immer ein Spaziergang am Ostufer des Starnberger Sees vor Augen: Von Allmannshausen und dem Bismarckturm zur Votivkapelle für den bayerischen Märchenkönig. Dieser von Königin Marie für Ludwig errichtete Erinnerungsort liegt oberhalb der Stelle, wo der tote König im Wasser gefunden wurde. Der Adler auf dem zur gleichen Zeit errichteten Bismarckturm, dem wohl teuersten Bismarck-Monument seiner Zeit, wurde eigens in Richtung Berlin gedreht, damit jeder Bayer wusste, wohin die Reise zu gehen hatte. Alt-Ministerpräsident von der Pfordten betrauerte das *„finis bavariae“*. Lutzens Verdienste für „Kaiser und Reich“ würdigte zu dessen Heimgang – auch nicht unpassend – Kaiser Wilhelm II. Was von Johannes von Lutz in der bayerischen Geschichte bleibt, wird sein, dass und wie er die mit seinem Bayern-ins-Reich-Plan nicht vereinbare Existenz König Ludwigs II. im Wasser des Starnberger See erledigt hat. Das hatte es zuletzt 451 Jahre zuvor gegeben, beim Justizmord an Agnes Bernauer, als die bayerische Evita in der Isar ertränkt wurde. Seit 1870 stand der Plan – so der preußische Gesandte Georg von Werthern – Bayern eine „Euthanasia“ zu verabreichen.

Aber Bayern als Staat war nicht auszulöschen. Trotz dieser fürchterlichen Verwerfungen und Schwächen hatte das ludovizianische Königtum eine staatlich-kulturelle Ebene geschaffen, die alle anderen Länder in Deutschland überragte. Es war noch in der zweiten Hälfte des 20. Jahrhunderts der unvergleichliche Blick von der Feldherrnhalle zum Siegestor, der dem Präsidenten der französischen Republik Charles de Gaulle bei seinem Besuch 1962 in München die Worte entlockte: „*C'est vraiment une capitale!*“ – „Das ist wirklich eine Hauptstadt!“ Diese Wirkung war die Folge der vereinigten Anstrengungen von Karl Theodor, Max I. und seinem Sohn Ludwig I. Aber eben auch von Rumford, Montgelas und Klenze.

Ich stand an jenem 8. September 1962 mit meinem Schulkameraden Eberhard am Grabmal des unbekannten Soldaten im Münchner Hofgarten, als die mythische Kommandeursgestalt des Generals de Gaulle auf uns zuging und uns 13-Jährigen die Hand gab (unsere Begegnung mit dem General war damals sogar auf einem Foto der Süddeutschen Zeitung verewigt). Die Symbolik dieses Besuches hatte Jung und Alt zu „Gaullisten" gemacht, mich hat seine Botschaft der Hoffnung, später niedergelegt in den *Mémoires d'espoir*, nie mehr losgelassen. Obwohl Charles de Gaulles links-rechte Sammlungsbewegung *„rassemblement pour la république"* weltweit eine der erfolgreichsten Alternativen zum kalten und heißen Krieg geboten hatte, kenne ich in Deutschland heute eigentlich nur noch einen Politiker, der sich mir gegenüber ausdrücklich als Gaullist „geoutet" hat: meinen saarländischen Freund Oskar Lafontaine.

Als Lafontaine sich aus der aktiven Politik von einem Tag auf den anderen zurückzog – und ich ihn dafür nur allzu gern in der *BILD*-Zeitung verteidigte –, musste ich an de Gaulles Ausspruch bei seinem Rückzug aus der aktiven Politik denken: Er wolle nicht länger Teilnehmer einer „Affenschlacht" sein – „*une bataille de singes*". Deshalb kehre er „dem Gift und den Wonnen" des parlamentarischen Spiels den Rücken. Wenn ich mich richtig erinnere, hatte ich Oskars Auftreten damals allerdings auch mit dem Verhalten des protestantischen Ritters Götz von Berlichingen verglichen – „und schlug die Türe krachend zu".

Das evangelisch-katholische München jedenfalls war im Laufe des Jahrhunderts immer mehr und trotz aller preußischen Machtansprüche die „unbestrittene Hauptstadt der Kunst in Deutschland" geworden. Noch im Blick des 20. Jahrhunderts bestätigte der englische Germanist Nicholas Boyle dieses Alleinstellungsmerkmal: In der Musik dank Richard Wagner, in der Literatur zum Schluss des Jahrhunderts dank dem Protestanten Thomas Mann. Dieser hatte in Schwabing mit den *Buddenbrooks* das Jahrhundertwerk eines „Deutschlands ohne Preußen“ entworfen, nachdem seine Familie Anfang der 1890er Jahre von Lübeck nach München gezogen war. Der Hanseat war wie sein späterer Held Tonio Kröger „in den sinnlichen Süden“ gezogen, um Schriftsteller zu werden und sich so von „der nördlichen Strenge“ zu befreien. Katholisch wurde er deshalb nicht.

Thomas Mann ließ übrigens alle seine sechs in Bayern geborenen Kinder evangelisch taufen, fünf in der Münchener Kirchengemeinde Bogenhausen, das Mädchen Monika in Bad Tölz, wo die Familie fast zehn Jahre lang den Sommer verbrachte. Dort hielt die Familie engen Kontakt mit dem dortigen evangelischen Vikar, Emil Munzert, der eben auch die Taufe der Tochter übernahm. Die Geschichte ist zugleich ein schönes Beispiel für die enge Zusammenarbeit von Katholiken und Protestanten in einem „klassisch-oberbayerischen Ort" um die Jahrhundertwende. Als sich Emil Munzert 1910 aus Bad Tölz verabschiedete, berichtete der Tölzer Kurier von den Abschiedsworten des Vikars:

„In seinen trefflichen Abschiedsworten hob dann der gefeierte Munzert hervor, daß er in den sieben Jahren, innerhalb derer er die protestantische Gemeinde Tölz pastorierte, niemals selbst beim Reformationsfeste ein Wort der Gegnerschaft über das katholische Glaubensbekenntnis über seine Lippen gebracht und daß er im schönsten Frieden mit den Vertretern des anderen Glaubensbekenntnisses gelebt habe. Daß dies in so ungetrübter Weise möglich war, verdanke er in erster Linie dem vom Geist des Friedens und der Versöhnlichkeit erfüllten frü-

heren katholischen Pfarrvorstande, Herrn Geistlichen Rat Brandl, dem er Worte der ehrlichsten Sympathie und Anerkennung zollte.“

Mehr als hundert Jahre evangelisch-katholische Prägungen in Tölz, „dessen Luft uns so wohltat“ (Thomas Mann). Schon unter Max II. waren berühmte „Außerbayerische“ nach München gekommen: Professoren, fast ausschließlich Lutheraner, wie Paul Heyse, Friedrich Wilhelm von Schelling und Justus von Liebig. Sie alle formten und begleiteten den wissensdurstigen König und mit ihm die Münchner Wissenschaftsszene intellektuell. Im Maximilianeum in München hängt ein riesiges Gemälde, auf dem Max II. im Kreise dieser Wissenschaftler zu sehen ist. Wie diese Nordlichter das alte München beeinflusst und welche Wirkung das alte München auf diese Neuzugänge gehabt hat, beschrieb einige Generationen später der Münchener Nobelpreisträger Werner Heisenberg bei seiner Festrede zur 800-Jahr-Feier der Stadt München wie folgt:

> „*Die von Ludwig I. und Max II. berufenen ‚Nordlichter' haben tatsächlich das geistige Leben der Stadt aufs Nachhaltigste beeinflusst und bis in die jüngste Vergangenheit hinein sind es oft die ‚Zugereisten', Deutsche aus anderen Gauen oder auch Ausländer gewesen, die das kulturelle Leben Münchens befruchtet haben. Die neuen geistigen Interessen, die aus dem Norden oder aus weiteren Bereichen Europas nach München eindrangen, fanden hier fruchtbaren Boden vor …*"

Der Protestant Heisenberg, der aus Würzburg (über Leipzig) nach München gekommen war, sah sogar eine Verbindung „des konservativen

Bayerntums mit der von weit her angeregten Schwabinger Beweglichkeit“ und „dass die Träger des Neuen sich gern in den bayerischen Lebensstil einfügten“.

Ob sich der Unterfranke Heisenberg mit dem Lob für Ludwig und Max als Monarchist offenbaren wollte, das wissen wir nicht.

Es gibt bezüglich einer ins religiös gewendeten „Königstreue“ das Selbstzeugnis eines anderen großen Gelehrten aus München protestantischer Herkunft. Der Historiker Golo Mann berichtete von einem für ihn unvergesslichen Erlebnis, als er vor dem aufgebahrten Prinzregenten Luitpold stand und kurz darauf König Ludwig III. bei der Fronleichnamsprozession sah.

„Da führte unsere Köchin mich mit in die Allerheiligen-Hofkirche: viele Kerzen, viele, viele dunkle Menschen, die am offenen Sarg vorbeizogen. Darin lag ein starrer Ni-

kolaus, an den vier Ecken bewegungslose Männer in Helm und Harnisch: Hartschiere. Wir durften nur einen kurzen Moment stehen bleiben, der dunkle Zug hinter uns drängte". Nachher, in der Prinzregentenstraße, habe er auch Kaiser Wilhelm gesehen, im Auto langsam vorbeifahrend. Stärker aber beeindruckte ihn ein etwas späteres Bild: „Ein paar Jahre später, ich mag sechs oder sieben gewesen sein, sah ich dann Luitpolds Sohn, den König Ludwig, mit weißem Vollbart auch er, am Fronleichnamstag in der Prozession, unter einem Baldachin hinter dem Allerheiligsten schreitend. Eine Impression, unauslöschlicher als das Bild des toten Regenten: der König als Abbild Gottvaters. Eindrücke, die mich im ältesten Herzen immer Monarchist bleiben ließen; das älteste Herz ist ja nun auch das wahrste, noch nicht von Vernunft angekränkelte."

Von diesem hoch geachteten Münchener Historiker sagte man, dass er Sozialist war, als er damit einer Minderheit angehörte, und keiner mehr, als es sich für einen Intellektuellen gehörte, links zu sein. Die lebenslange Bindung an München verlor er nie. Es galt – so sein Biograph Tilmann Lahme – nicht als Zufall, dass sich der Sohn Thomas Manns für den Kanzlerkandidaten Strauß einsetzte, als er sich wieder seiner alten Heimat Bayern annäherte. Dem Prachtband *Bayern. 2000 Jahre in Bildern und Dokumenten* stellte Golo Mann 1976 ein Vorwort voran, indem er von Bayerns „Schönheit“ schrieb und von seiner „reichen historischen Zivilisation inmitten beglückender Natur“. Eine Liebeserklärung – wohl auch: Heimweh. Golo Mann glaubte, dass es ohne Religion nicht gehe: „Mit Religion, sehr schwer; ohne Religion, gar nicht.“

Wie schnell das alles gegangen war. „Bayern nach Jahr und Tag. 24 Tage aus der bayerischen Geschichte“ hieß die Vorlesungsreihe, die an der Universität München die großen Tage der bayerischen Geschichte zum Thema hatte. Auf den 1. Juli 1899 mit der „Enthüllung des Bismarck-Denkmals am Starnberger See“ folgte als nächstes Kalenderblatt der 1. August 1914 mit dem „Mobilmachungsbefehl für das Bayerische Heer“ und darauf umstandslos der 16. März 1945, „die Bombardierung Würzburgs“. Und da liegt wieder ein Abgrund dazwischen.

Evangelisch in Bayern war auch das im Widerstand berühmt gewordene Geschwisterpaar Hans und Sophie Scholl. Der evangelische Pfarrer Karl Alt hat später eindrücklich die letzten Stunden der beiden beschrieben und wusste Details zu berichten wie etwa, dass Hans noch den 90. Psalm: „Herr Gott, du bist unsere Zuflucht für und für“ habe vorgelesen bekommen wollen. Auf ein gemeinsames letztes Abendmahl mit ihrem katholischen Freund und Mitstreiter Christoph Probst mussten die drei verzichten, weil die Geschwister nicht konvertieren wollten.

Bei Willi Winkler las ich diesbezüglich noch, dass drei Jahre später, beim Nürnberger Prozess, ein Angeklagter namens Julius Streicher bekannte, am liebsten Martin Luther neben sich auf der Anklagebank zu haben, weil der doch nichts anderes gesagt habe als er selbst. Womit er sich auf die judenfeindlichen Äußerungen Luthers bezog, bei denen man selbst als respektvoller Anhänger des Reformators heute nur Ekel empfindet, gerade weil man dazugehört. Martin, die Jahrtausendfigur, hat so viel auf den Hals genommen. „Ach Herr", beten auch wir Lutheraner im Gottesdienst „ich bin nicht würdig, dass du eingehst unter mein Dach. Aber sprich nur ein Wort, so wird meine Seele gesund."

Die Tatsache, dass und wie sich unser Bewusstsein für das, was Recht und Unrecht ist, gerade mit Blick auf die Vergangenheit schärft, hatte mir die schweizerische Bundespräsidentin Ruth Dreyfuss in einem gemeinsamen Gespräch mit meinem Freund Klaus Bölling, dem früheren Regierungssprecher von Bundeskanzler Schmidt, anhand eines Bildes aus der Reformationszeit klargemacht. Zur Illustration dieser These verwies sie auf folgendes: In Genf steht ein schlichtes Denkmal, worauf in etwa folgender Satz steht:

„Wir respektvolle Jünger von Johannes Calvin, im Bewusstsein der fürchterlichen Fehler seiner Zeit, errichten eine Statue am Ort, wo Michel Servet auf dessen Befehl verbrannt wurde."

Dreyfuss: *„Es ist höchste Loyalität und Treue, sich von den Fehlern der Vergangenheit betroffen zu fühlen."*

Ich hatte da mit meiner im Gespräch vorgebrachten Anmerkung, man dürfe dabei Ethik und Heuchelei nicht verwechseln, nur etwas zu ergänzen – nichts aber wirklich entgegenzusetzen.

„Evangelisch in Bayern“ – die mit der guten Botschaft von der Freiheit eines Christenmenschen begründete Selbstbestimmung als Weg zum Seelenheil haben wir bis zu Tassilo zurückverfolgt. Lange vor dem Agilolfinger waren es die Römer, die das Land zwischen Isar, Inn und Donau zu kultivieren begannen. Die Kelten waren auf bayerischem Boden das erste Volk, die Römer die ersten Christen, wissen wir aus der *Bayerischen Kirchengeschichte* von Benno Hubensteiner. Die Römer haben in Bayern die ersten Städte gegründet, in denen sich seit nunmehr so vielen Jahrhunderten die unterschiedlichsten Gedanken ansammeln und aufbauen. Regensburg und Passau sind so entstanden, als erstes aber unsere Bekenntnisstadt Augsburg, eine der größten römischen Siedlungen diesseits der Alpen. Augsburg kann sich damit schmücken, dass es von keinem geringeren als dem großen Tacitus nicht nur erwähnt, sondern ausdrücklich gerühmt wird: „*splendissima Raetiae provinciae colonia*“.

Benno Hubensteiner bin ich vor seinem Tod im Februar 1985 immer wieder begegnet, in politicis. Er war ein großer Anhänger unserer Sache und der Schwiegervater des CSU-Fraktionsvorsitzenden im Münchener Rathaus, Franz Josef Delonge. Hubensteiner wusste nahezu alles, wenn es um Bayern ging. Einmal sprachen wir vom Martyrium der Afra von Augsburg, erster Glaubenszeugin aus Bayern, die er in seinem Werk erwähnt und die eine selbstbewusste Frau gewesen sein muss. Wir führten daraufhin die nicht ganz ernst gemeinte Diskussion, ob diese ganz frühen Waldläufer und furchtlosen Gottessucher aus der bayerischen Kirchengeschichte typologisch eher „evangelisch“ oder „katholisch“ waren. Vielleicht sollte man noch erwähnen, dass über dem Grab der Afra eine evangelische Kirche steht, die mit einem katholischen Ge-

Herzog Tassilo III:
Reformer der bayerischen Kirche vor 1250 Jahren

bäudekomplex verbunden ist: „Sankt Ulrich“ und „Sankt Ulrich und Afra“. Der von den Protestanten genutzte Teil war einst die Vorhalle der Basilika. Hier wird seit 1650 – zum Ende des Dreißigjährigen Krieges – das Augsburger Friedensfest gefeiert, ein gesetzlicher Feiertag für Menschen jeglicher Herkunft und Glaubensrichtung.

Meine Frage, ob unter den keltischen Stämmen, die nach Bayern kamen, auch die Galater gewesen sein könnten, die schließlich auch Kelten waren, konnte selbst Benno Hubensteiner nicht wirklich beantworten. Den Galatern hatte Paulus ja seinen berühmten, im Neuen Testament festgehaltenen Brief geschrieben, den unser Martin zeitlebens vor sich her trug.

Zum ersten Mal war hier in Worte gefasst, was Christsein und Freiheit gemein haben: „Zur Freiheit hat uns Christus befreit. So steht nun fest und lasst euch nicht wieder das Joch der Knechtschaft auflegen.“

Ob Afra und die anderen Zeugen ihn gelesen haben? Jedenfalls begann mit dem Verstehen dieser Zeilen die hier erzählte Geschichte: Evangelisch in Bayern.

Quellenverzeichnis:

Seite 5:
© Dieter Hanitzsch

Seite 11 links:
Karl Theodor von Piloty, Monachia. Münchner Stadtmuseum, Sammlung Graphik und Gemälde

Seite 11 rechts:
Karl Valentin, Foto: O. Zagler

Seite 27:
Archiv Peter Gauweiler

Seite 49:
© dovla982/shutterstock.com

Seite 51 links:
Pankraz von Freyberg, Gemälde von Hans Mielich, 1545/Wikipedia

Seite 51 rechts:
Barthel Beham: Porträt des Pfalzgrafen Ottheinrich, 1535/Wikipedia

Seite 66:
Peter Widmann/Alamy Stock Photo

Seite 77:

Wittelsbacher Ausgleichsfonds München, Foto: Alice Arnold-Becker

Seite 127:

Alois Löcherer, Kopf der Bavaria, 1850, Münchner Stadtmuseum, Sammlung Fotografie

Seite 129 oben:

Karoline von Baden, unbekannter Künstler um 1815

Seite 129 links:

Franz Xaver Nachtmann, Königin Therese von Bayern, 1980/Wikipedia

Seite 129 rechts:

Joseph-Karl-Stieler, Marie Kronzprinzessin von Bayern, 1843/Wikipedia

Seite 133:

Ludwig Freiherr von der Pfordten, circa 1855, Foto: Franz Hanfstaengl

Seite 153:

akg-images/Imagno/Gerhard Trumler

Redaktion: Franziska Roosen

www.claudius.de

Umschlaggestaltung: Weiss Werkstatt, München
Layout: Mario Moths, Marl
Gesetzt aus der Stempel Garamond und Frutiger LT
Autorenfoto: © Dominik Giercke
Druck: GGP Medien GmbH, Pößneck
ISBN 978-3-532-62810-2